글쓰기와 **토론**을 위한

플라톤의
『국가』 읽기

글쓰기와 토론을 위한

플라톤의
『국가』읽기

박규철 지음

이담
Books

일러두기

► "도대체 철학을 가르친다는 것은 무엇일까?" "그것도 잘 가르친다는 것은 어떤 기술을 필요로 하나?" 갑자기 이런 질문을 해 본다. 특히 철학을 배우지 않은 학생들을 상대로 '글쓰기'와 '토론'을 가르친다는 것은 어떤 의미를 가지나? 그리고 철학을 매개로 하여 글쓰기와 토론의 능력을 극대화할 수 있는 방법은 있겠나? 이 책은 바로 이러한 즉문(卽問)에 대한 나의 즉답(卽答)이다.

► 그동안 글쓰기와 토론에 대한 수업이 대학마다 많이 개설되었다. 그리고 그와 관계된 책들 또한 붐을 이루고 있다. "이 책 한 권이면 글쓰기를 마스터할 수 있다"라는 솔깃한 제안에서 "가장 기초적인 토론의 스킬을 알려 준다"라는 솔직한 문구까지, 바야흐로 서점가는 지금 글쓰기와 토론의 춘추전국(春秋戰國) 시대이다.

► 그 많고 많은 책 중에 내 책 한 권을 더한다고 생각하니 기쁨보다는 두려움이 앞선다. 왜일까? 나와 몇몇 지인들이 도와주지 않는 한, 시장성이 거의 없을 것이라는 자괴감 섞인 현실적 진단보다는, 작금의 철학이 과거 소피스트들이 했던 작업, 즉 '수사술(rhetoric)의 기술'을 파는 것과 동일하지 않

을까 하는 비극적인 생각이 들기 때문이다.

▶ 하지만 그럼에도 불구하고 철학 하는 사람들이 이 길을 가지 않을 수밖에 없는 이유는 현재 대학에서 공부하는 학생들의 글쓰기 능력과 토론 기술이 기대 이하에 머물고 있다는 실존적인 현실 때문이다. 물론 학생들 중에는 선생을 능가하는 탁월한 글쓰기 능력과 토론의 기술을 습득한 학생들이 있다. 일부 학생들이 토론 대회에서 보여주는 능력은 정말 괄목상대(刮目相對)다. 하지만 대부분의 학생들은 아직도 기본적인 논리적·학술적 글쓰기의 틀을 습득하지 못한 채 방황하고 있다. 그것이 바로 나로 하여금 이 책을 쓰게 한 일차적 원인이다.

▶ 나는 대학교 1, 2학년 학생들의 글쓰기 및 토론 기술을 획기적으로 발전시킬 수 있는 한 학기 분량의 책을 집필하기로 마음먹고 방학 중에 그 작업을 시도하였다. 우선 그동안 내가 모아 두었던 논술과 논증 관련 자료들 중에서 글쓰기와 토론에 도움이 될 만한 것들을 추려보았다. 그런데 작업을 하다 보니 글쓰기와 토론의 능력이란 것이 사실은 읽기 능력에서 좌우된다는 것을 알고 그것에 적합한 텍스

트로 플라톤의 『국가』를 선택하였다. 아무래도 읽기 능력이 계발되지 않고서는 글쓰기와 토론 능력의 함양은 기대되기 어렵기 때문이다.

► 사실 『국가』는 동서고금(東西古今)을 막론하고 가장 권위 있는 고전 중의 하나이다. 그리고 나는 이미 수년 전에 그와 연관된 자그마한 해설서를 하나 펴낸 적이 있다. 하지만 그 책은 중고등학생을 상대로 집필한 책이라, 어투나 문장이 대학생들이 보기에는 많은 문제가 있다. 내용 또한 조금 논리적 글쓰기나 토론을 하기에는 부족하다. 그래서 나는 그 원고를 기본으로 전체 문장과 내용을 다듬는 작업을 하게 되고, 그 결과 이 책이 나왔다.

► 이 책을 쓰면서 나는 다음 3가지를 염두에 두었다.

1. 향후 글쓰기와 토론 교육은 감성적인 차원에서 논리적·학술적 차원으로 이행해야 한다. 그럼 논리적·학술적 글쓰기와 토론은 무엇인가? 그것은 아마도 자신의 주장과 그것에 대한 근거, 그리고 논적의 주장과 근거에 대한 이해가 주를 이루는 그러한 글쓰기와 토론 교육을 말할 것이다.

2. 글쓰기의 배열법과 토론의 절차는 아리스토텔레스와 퀸

틸리아누스의 '5단 배열법'에 따라서 이루어져야 한다. 본문에서 내가 상술하겠지만, 5단 배열법은 종전의 서론, 본론, 결론의 배열법이 지닌 문제점을 보완한 것으로, 서론을 '감성적인 도입부'와 '명확한 문제 제기의 진술부'로 나누고, 본론을 논적의 논지를 음미하는 반론부와 자신의 논지를 정당화하는 논증부로 구성하는 것이다. 만약 글쓰기와 토론이 이 5단 배열법에 따라 이루어진다면, 학생들의 글쓰기와 토론 실력은 일취월장(日就月將)할 것이다.

3. 글쓰기와 토론은 살아 있는 사람을 상대로 해야 한다. 그러기에 감성과 이성이 적절하게 배합된 '융합(融合)적인 형태'로 이루어져야 한다. 만약 이러한 요소들의 배합이 적절하지 못하다면, 그 사람의 글과 말에는 향기가 사라질 것이다.

► 새로운 논문을 쓰는 것이 아니라 글쓰기와 토론을 위한 읽기 교재를 만드는 것이라 이미 출간된 나의 논문이나 저서에서 많은 부분을 가져왔다. 표현은 되도록 대학 초년생들이 쉽게 이해할 수 있도록 문장을 최대한 부드럽게 하였다. 가독성을 높이기 위하여 각주나 원어 표기는 최대한 간소화하였다.

► 감사해야 할 분들이 많다. 열악한 환경 속에서도 선뜻 철학 책을 출간해주신 출판사에 감사한다. 새해에는 항상 좋은 일이 있기를 빈다. 언제나 함께 철학을 논하는 우리 철학 동지들에게도 감사함을 전한다. 그들이 있어 세상을 살아갈 만한 맛이 난다. 가족들은 언제나 나의 든든한 버팀목이다. 다들 건강했으면 한다.

2012년 2월 낙성대 서재에서
박규철

차례

제1부

글쓰기와 토론에 어떻게 접근할 것인가?

"자네는 모든 일의 시작이 제일 중요하다는 것을,

무엇이건 어리고 연약한 것에 있어서는 특히 그러하다는 것을 알

고 있지 않은가?

그건 그때에 제일 유연성이 있고,

또한 누군가가 각자에게 새기어 주고 싶은 인상이

제일 잘 받아들여지기 때문일세."

(『국가』 377a-b, 박종현 역)

1. 글쓰기, 어떻게 접근할 것인가?[1]

글쓰기 교육이 붐이다. 그런데 글쓰기 교육은 체계적이고 분석적인 방법론에 입각하여 이루어져야 한다. 이런 점에서 글쓰기는 '읽기', '생각하기', '개요 짜기', '쓰기', '수정하기'의 순서로 이루어져야 한다. 읽기 단계에서 강조되는 것은 논제와 자료를 정확히 이해하는 것이고, 생각하기 단계에서 강조되는 것은 논점과 쟁점을 포착하며 논지와 논거를 준비하는 것이다. 개요 짜기에서 강조되는 것은 서론, 본론, 결론에 들어갈 단락의 개수와 주제문을 정하는 것이고, 쓰기 단계에서 강조되는 것은 개요에 입각해 논지와 논거를 구성하는 것이다. 마지막 수정하기 단계에서 강조되는 것은 전체 글의 논리적 전개 과정을 다듬는 것이다.

1) 읽기

글쓰기의 제1단계는 논제와 제시문을 정확히 읽고 이해하는 것이다. 사실 글쓰기 실력은 읽기 능력에 좌우된다. 그러기에 읽기 능력은 글쓰기 작성에 있어서 빼놓을 수 없는 중요 요소이다. 그런데 논술에서의 읽기 능력은 그저 단순한 글 읽기 이상의 능

---

1) 김희빈, 박규철 외. 2011. 『비판적 사고와 논리』. 전주: 신아출판사. 제8장 2절 (296~306) 참조. 이 절은 앞의 책에 수록된 본인의 글 중 일부를 다듬어 실은 글임을 밝힌다.

력을 요구한다. 그것은 논제에 대한 정확한 이해는 물론 제시문에 대한 분석적·종합적 파악을 요구한다. 그러기에 글쓰기 하고자 하는 사람들은 모름지기 논제와 제시문을 꼼꼼하고 분석적으로 읽는 능력을 배양해야 한다. 다음은 민족정체성과 관련된 하나의 예상 논제이다.

[논제] 제시문에 나타난 세 가지 관점 가운데 가장 적절하다고 판단되는 한 가지를 적용하여 현재 우리 민족의 정체성을 논의하라. 아울러 그 관점을 선택한 근거와 그 관점을 적용했을 때 나타나는 한계를 밝히라.

민족의 정체성과 그 기원에 관해서는 ① 근원주의와 ② 상황주의라는 극단적인 견해가 대립하고 있다. 어떤 사람들은 민족을 근원적인 성격을 가진 집단으로 본다. 이때 민족은 선천적인, 그리고 시간의 영향을 받지 않는 것이다. 그것은, 마치 핏줄로 이어지는 가족처럼, 인간에게 본래 주어진 것들 가운데 하나이다. 민족정체성에 대한 이러한 시각은 민족을 유전적 선택 과정과 합목적성의 확장으로 간주하는 주장들의 지지를 받고 있다. 한편 다른 사람들은 민족의 정체성을 시대와 상황에 따라 변화할 수 있는 인식, 태도, 감정의 문제로 본다. 개인의 상황이 변화하면 그의 집단정체성이나 소속감도 변화할 것이다. 혹은 적어도 어떤 사람의 집단적 정체성은 시대와 상황에 따라 달라질 수 있다. 이렇게 볼 때 민족적 정체성은 개인이나 집단들의 이해관계, 정치 사회적 목표와 밀접한 연관을 가진다.
③ 그런데 또 다른 주장에 의하면, 우리는 민족정체성을 역사적, 상징적, 문화적인 관점에서 바라볼 필요가 있다. 이 경우, 민족은 문화적 집단으로 이해된다. 하나의 민족은 종교, 관습, 언어 또는 제도와 같은 문화적 차이를 통해 다른 민족과 구별

되고 기원 신화와 공유된 역사의 기억을 중요시한다. 언어, 종교, 관습 등은 개인의 의지와는 관계없이 지속되거나 때로는 개인들을 제약하기도 하는 문화적 징표들이다. 이러한 문화적 징표들이 객관적인 모습으로 나타나는 경우, 그것은 한 민족을 다른 민족과 구별하는 기능을 수행할 수 있다. 그러나 이러한 객관적인 징표들은 또한 특수한 역사적 통인의 산물들이기도 하다.

민족이 문화에 의해 정의된다는 말은, 문화의 요소들이 여러 세대에 걸쳐서 동일한 형태를 유지한다는 의미가 아니라 그 형태가 변하더라도 세대들이 영속성의 느낌을 가진다는 의미이다. 또한 그것은 역사 속에 있었던 과거의 사건과 시대에 대한 공유된 기억 및 그 집단의 운명과 미래에 대해 세대들이 갖는 공통 관념을 뜻한다. 즉 민족의 정체성은 연속성에 대한 느낌, 공유된 기억, 집단의 운명에 대한 공통 관념 등 문화의 공통성에 의해 형성된다. 여기서 문제는 구성원들을 결속시키는 신화, 상징, 기억, 가치들이 변형되는 가운데서도, 어떻게 문화적 정체성이 여전히 한 민족의 구성원들을 다른 민족들로부터 분리시키고 구별 짓는 징표로 기능할 수 있는가이다 (2008학년도 연세대 정시 인문계 기출문제).

이 논제는 위 제시문에 민족정체성에 관한 3가지 입장이 개진되어 있음을 언급한다. 그리고 그 가운데 하나를 골라 우리 민족의 정체성을 논의하라고 주문한다. 그런데 이때 읽기 단계에서 중요한 것은 제시문에 제시된 3가지 입장이 무엇인지를 빠른 시간 내에 정확히 파악하는 일이다. 만약 제시문을 정확하게 독해한 사람이라면, 그 3가지 입장이 '근원주의', '상황주의', '문화주의'임을 금방 알아차릴 수 있다. 이 3가지 입장과 연관된 특징들을 정리하면 다음과 같다.

- 근원주의: 민족정체성이 혈통에 기인한다고 보면서 민족정체성의 불변적인 요소를 강조하는 입장이다.
- 상황주의: 민족정체성이 혈통이 아니라 이익이나 공동목적에 기인한다고 보면서 민족정체성의 가변적인 요소를 강조하는 입장이다.
- 문화주의: 민족정체성이 혈통도 이익도 아닌, 문화적 공통성에서 기인한다고 보면서 연속성의 느낌을 강조하는 입장이다.

2) 생각하기

글쓰기의 제2단계는 생각하기이다. 생각하기의 단계에서 중요한 것은 논제를 염두에 둔 채 자신만의 논지와 그 논지를 뒷받침하는 논거를 확보하는 것이다. 물론 이러한 생각하기 단계는 이전의 읽기 단계와 따로 떨어져서 존재하는 것은 아니다. 그러기에 읽기 단계에서 떠오르는 여러 가지 생각들을 잘 정리하면, 생각하기의 단계를 훌륭하게 마무리할 수 있다. 특히 자신이 선택한 입장, 즉 논지에 대한 근거를 확보하는 일에 주력해야 한다. 만약 생각하기 단계에서 이러한 작업이 이루어지지 않는다면, 다음의 개요 짜기 단계는 거의 불가능할 것이다. 그러기에 논제에 적합한 글쓰기를 하고자 하는 사람은 반드시 이 생각하기 단계에서 자신의 고유한 논지에 적합한 논거를 확보하는 일에 주력해야 할 것이다. 다음은 위 제시문에 근거하여 생각하기 과정을 정리한 것이다.

논지: 민족의 정체성을 문화주의에 근거하여 이해하자.
논의 1: 식민 상황과 분단 상황이 민족정체성을 근원주의적 시
　　　　각에서 보도록 자극하였다.
논의 2: 상황주의는 정치 사회적 편협성과 이익추구의 관점만
　　　　을 강조한다.
논의 3: 세계화 과정에서 혈통보다는 인터넷이라는 매체를 통
　　　　한 가상공간에서의 문화적, 정신적 연대가 기존의 민
　　　　족개념을 해체시키고 있는 실정이다.
근거: 21세기에는 문화적 공통성에 근거한 연속성의 느낌이
　　　강조된다.

3) 개요 짜기

　개요 짜기는 글쓰기의 설계도와 같다. 집을 짓는 데 있어 설계
도가 꼭 필수적이듯이, 글쓰기에 있어서도 개요 짜기는 필수불가
결하다. 왜냐하면 이 개요 짜기 과정이 불완전하면, 글쓰기는 결
코 완성될 수 없을 것이기 때문이다. 또한 개요 짜기는 논의의
중복을 방지하고 글쓰기를 효과적으로 구성하는 데 있어서도 중
요한 단계이다. 이 단계를 성공적으로 수행하는가에 따라, 글쓰
기의 성패가 결정되기도 한다.
　글쓰기가 서론, 본론, 결론의 형태를 갖추고 있기에, 개요 짜기
에서는 이 각각의 부분에 들어갈 단락의 개수와 주제문을 정해

야 한다. 그런데 이러한 작업은 결코 쉬운 일이 아니기에, 주어진 논제에 대한 논지 및 논거에 대한 명확한 이해가 선행되어 있어야 한다.

서론의 개요는 아무리 강조해도 지나치지 않다. 왜냐하면 글 전체의 내용과 수준은 서론의 개요에서 어느 정도 결정되기 때문이다. 특히 서론에서는 강한 인상을 주는 도입글로 다른 글들과의 차별화를 시도해야 한다. 또한 주의를 환기시키는 문제 제기와 논의 방향에 대한 분명한 언급이 있어야만 한다. 위 제시문에 근거한 다음과 같은 서론의 개요가 있다.

> (서론)
> (1) 우선 세계화 과정에서 혈통보다는 인터넷이라는 매체를 통한 가상공간에서의 문화적 정신적 연대가 기존의 민족개념을 해체시키고 있는 실정이다.
> (2) 근원주의의 혈통중심적 배타성과 고립성 그리고 상황주의의 이익추구 관점과 정치 사회적 편협성
> (3) 문화적 공유의 관점은 역사적 사건의 기억이 시대를 거듭할수록 퇴색되어가고 있는 시점에서 중요하게 대두된다. 특히 인터넷을 통해 다른 민족이나 같은 세대 간의 동질성이 상대적으로 커지고 있다.

본론의 개요는 시종일관 논지에 적합한 논거를 찾는 데 주력해야 한다. 논리적 비약이나 사실 왜곡은 논술의 치명적인 결함이 되기에 조심해야 한다. 논거를 찾을 때는 제시문 안이 아니라 밖에서 찾도록 해야 하는데, 만약 주어진 제시문 안에서 논거를

찾아 제시한다면 좋은 평가를 받기는 힘들 것이다. 그리고 모든 논의는 주관적인 기술을 배제한 채, 객관적인 논의로 이루어져야 한다. 논의 전개의 방향은 일반적인 것에서 특수한 것으로, 추상적인 것에서 구체적인 것으로 진행되는 것이 좋다. 마지막으로 본론의 논의는 항상 자신의 논지에 대한 논거 확립과 아울러 논적의 논지에 대한 객관적인 비판과 함께 이루어져야 한다. 다음은 점진적 통일론을 주장하는 논술의 본론 구성이다.2)

> **[반론부]** 통일논의가 뜨겁다. 급진적인 통일을 주장하는 사람들도 많다. 물론 통일이 지연되면 우리는 앞으로도 더 많은 고통을 견뎌야만 한다. 국방비를 비롯한 체제 유지비를 계속 부담해야 한다. 또 남·북 간의 사회 문화적 이질감도 커질 것이다. (...) 이런 점에서 통일을 앞당기자는 생각은 탄력을 받고 있다.
> **[논증부]** 그럼에도 통일을 조급히 서둘러서는 안 된다. 통일이 급진적으로 이루어질 경우 발생할 수 있는 심각한 후유증을 고려해보면 그렇다. 우리보다 먼저 통일을 한 독일을 보면 알 수 있다. 우선 경제적 타격이 감당할 수 없을 정도로 크다. (...) 그뿐만 아니다. 수십 년간 통제경제체제하에서 생활해오던 북한 주민들은 갑작스러운 경제적 자유를 감당할 수 없을 것이 분명하다. (...)

결론에서는 글 전체의 내용을 명확하게 요약해서 제시한다. 하지만 본론의 내용을 단순해 요약하는 선에 그쳐서는 안 된다. 그

---

2) 김용규. 2007. 『설득의 논리학』. 웅진지식하우스, 103~104 참조.

렇다고 논제와 다른 새로운 논제를 제기하는 위험하다. 오직 주어진 논제를 잘 요약하면서 그와 관련된 긍정적인 전망을 보여주면서 글을 마무리하는 것이 좋다. 앞서 언급한 점진적 통일 문제와 관련된 논술의 결론을 제시하면 다음과 같다.

> [맺음말] 독일 통일의 지휘자였던 쇼이블레도 "통독 후 경제 격차를 줄이는 것도 어렵지만, 동서독인의 정신적, 심리적 이질감을 극복하는 일은 더 난감하다"라고 고백했다. 통일은 조급히 서두를 일이 아니다. 경제·사회·문화적 격차를 줄여가며 차분히 준비하고 진행해나가야 한다.

4) 쓰기

논술에서 쓰기는 가장 핵심적인 작업인데, 만약 개요 짜기를 훌륭히 수행하였다면 이 작업은 어렵지 않게 수행할 수 있을 것이다. 하지만 개요 짜기가 불완전하다면, 쓰기는 고된 작업이 될 것이다. 만약 개요 짜기가 잘 되어 있다면, 시간을 잘 활용하여 정해진 시간 내에 글을 완성하는 것이 중요하다. 글씨를 깨끗하게 쓰는 것과 자신감 있게 글을 쓰면 좋은 평가를 받을 수 있다. 유의해야 할 점으로는 다음과 같은 것들이 있다.

- 전지적 작가 시점에서 글을 전개해나가는 것이 좋다.
- 논지의 일관성을 유지하며 충분한 논거를 확보한다.
- 상투적인 설명과 비유를 피하며 참신하고 정확한 문장을 구

사한다.

- 구어체가 아닌 문어체를 쓰며, 항상 '이다'체를 사용한다.

서론, 본론, 결론을 쓸 때 들어갈 내용과 주의사항을 언급하면 다음과 같다.

	내용	주의사항
서론	주의환기 명확한 문제 제기 논의 방향 언급	강한 인상의 첫 문장 제시 문제의식 명료화 핵심어 의미규정
본론	자신의 논지 구체화 논지에 대한 논거 찾기 논적의 논지 이해 논적의 논지 비판	논점 일탈하지 않기 논리적 비약 삼가기 객관적 논의 전개하기 논증부 구성하기 자신의 논지 구체화 논지에 대한 객관적 입증 반론부 구성하기 논적의 논지 찾기 논적에 대한 객관적 비판
결론	명확한 요약과 강조 긍정적인 전망과 제언	논지 요약과 강조 새로운 논의 제시 삼가기 긍정적인 전망 인상적인 마무리

다음은 이러한 쓰기의 과정에 입각해서 작성한 글의 일부분이다. 논제는 '점진론'의 입장에서 통일문제를 논술하는 것이다. [반론부]를 둔 '5단 배열법'(머리말, 진술부, 반론부, 논증부, 맺음말)의 형태로 서론(머리말, 진술부), 본론(반론부, 논증부), 결론(맺음말)을 구성하면 다음과 같다.3)

---

3) 김용규. 2007. 『설득의 논리학』. 웅진지식하우스, pp.97~104 참조. 특히 퀸틸리

	내용
서론	[머리말] "급할수록 돌아가라"라는 옛말이 있다. (...) [진술부] 사실 우리나라는 지구상 유일한 민족 분단국가이다. 그 때문에 통일을 하루빨리 앞당겨야 한다는 주장이 거세지고 있다. 그렇다고 통일이 무조건 서두를 일인가? (...)
본론	[반론부] 물론 통일이 지연되면 우리는 앞으로도 많은 고통을 견뎌야만 한다. 국방비를 비롯한 체제 유지비를 계속 부담해야 한다. 또 남·북 간의 사회·문화적 이질감도 커질 것이다. [논증부] [논지 제시] 그럼에도 불구하고 통일을 조급히 서둘러서는 안 된다. 통일이 급진적으로 이루어질 경우 발생할 수 있는 심각한 후유증을 고려하면 그렇다. [논거제시] 우리보다 먼저 통일을 한 독일을 보면 알 수 있다. 우선 경제적 타격이 감당할 수 없을 정도로 클 것이다. 통독 이전의 서독 경제는 현 남한 경제와는 비교할 수 없이 큰 규모와 안정된 구조를 갖고 있었다. 하지만 통독 후 한동안 휘청거렸다. 이에 비해 우리 경제는 규모가 빈약할 뿐 아니라, 몇 개의 재벌 기업에 의존하고 있어 안정성 또한 허약하다. (...) 그뿐만 아니다. 수십 년간 통제경제체제에서 생활해오던 북한 주민들은 갑작스러운 경제적 자유를 감당할 수 없을 것이 분명하다. 따라서 실업자가 증가함은 물론 사회 불만이 팽배하여 범죄가 늘어날 것이다. (...)
결론	[맺음말] 독일 통일의 지휘자였던 쇼이블레도 "통독 후 경제 격차를 줄이는 것도 어렵지만, 동·서독인의 정신적, 심리적 이질감을 극복하는 일은 더 난감하다"라고 고백했다. 통일은 조급히 서두를 일이 아니다. 경제·사회·문화적 격차를 줄여가며 차분히 준비하고 진행해 나가야 한다.

5) 수정하기

쓰기를 마쳤다고 글쓰기의 전 과정이 끝난 것은 아니다. 수정하고 퇴고하는 것도 글쓰기의 한 과정임을 잊어서는 안 된다. 그런데 일반적 글쓰기에서의 수정하기가 맞춤법이나 문장 표현에 초점을 맞추어 퇴고를 하는 데 반해서, '논리적·학술적 글쓰기'에 있어서는 수정하기에서 논리 전개의 전체적인 타당성을 점검

아누스의 5단 배열법에 대해서는 pp.97~98를 참조하라.

해야 한다. 예를 들어, 논지나 논거가 잘 드러나 있는가, 또는 단락이 하나의 주제문과 여러 개의 뒷받침 문장으로 구성되어 있는가에 대한 전반적인 검토가 이루어져야 하는 것이다. 다음은 수정하기 단계에서 염두에 두어야 할 사항이다.

- 글 전체의 논리적 일관성을 염두에 두면서 보충할 것과 삭제할 것을 생각한다.
- 단락, 문장, 단어들 간의 논리적 연결을 점검한다.
- 접속사나 지시어 등이 올바르게 사용되었는지를 확인한다.

6) 논술문 쓰기의 예시문

'사랑은 감정인가 의무인가?'
이 논제에 대한 자신의 생각을 논술하라.[4]

[머리말]

노년의 헤밍웨이는 손녀뻘 되는 이탈리아 소녀에게 빠져 사랑의 열병을 앓았다. 이를 눈치챈 부인이 따져 묻자, "그녀를 사랑하는 게 죄인가? 아내가 있다고 해서 다른 여자를 사랑하지 말라는 법이 있는가"라고 말했다. 정녕 그는 본능적이고 자연스러운 사랑의 감정에 충실하였던 사람이었던 것이다. 그런데 오늘날에 있어서도 사랑에 대한 그의 생각은 보편적으로 수용

---

4) 윤문원. 2007. 『논술이 마냥 즐거워지는 영화 속 논술』. 서울; 세종서적. p.289, 290 참조.

될 수 있는가?

[진술부]

인간은 누구나 사랑을 하고 사랑을 받으면서 살아간다. 아마도 존재하는 것들 중에서 이러한 사랑의 관계를 맺지 않고 사랑하는 존재는 없을 것이다. 그런데 이러한 사랑의 대상에는 여러 가지가 있을 수 있다. 초월적인 신에 대한 사랑이 있을 수 있고, 나를 낳아준 부모님에 대한 사랑이 있을 수 있으며, 아름다운 여성이나 건장한 남성에 대한 이성적인 사랑이 있을 수 있다. 하지만 그중에서도 우리를 본능적인 감정과 이지적인 의무 사이의 갈등으로 몰고 가는 것은 이성(異性)에 대한 사랑이다.

[반론부]

물론 사랑은 인간 감정의 솔직한 표출이다. 그런 점에서 사랑은 이지적인 의무보다 본능적인 충동의 요소가 강하다. 특히 남녀 간의 사랑은 신비스러우며 불가피하기도 하다. '사랑은 국경도 초월한다'라는 말도 있지 않은가? 남녀 간의 사랑은 감정에 충실한 자발적 반응이고 친밀감과 열정이다. 남녀 사이의 사랑에는 동물적인 본능이나 호기심이 전제되거나 개입되어 있다. 사랑은 서로의 감정 표현을 통해서 확인된다. 결국 감정이 빠진 사랑의 관계는 이성의 사랑으로 이해될 수 없는 것이다.

[논증부]

하지만 이런 논리라면 사랑은 주체하지 못할 감정에 의해 좌우되는 것이므로 사회적 채임을 모면하게 된다. 사랑은 감정만이 전부가 아니며 사랑에 수반된 의무(義務)를 고려해야 한다.

상대방에 대한 적극적 관심과 개성을 존중하는 태도, 사랑을 지키겠다는 책임감 등이 따라야 하는 것이다. 사랑은 순수한 감정과 아울러 상대방을 배려하고 사회적 책임을 수방하겠다는 의무가 자연스럽게 따라와야 하는 것이다. 사랑의 초기과정에는 감정이 우위를 차지할 수 있다. 하지만 인간은 인격적 성숙을 위해 부단히 자신을 채찍질해서 감정의 동물로 전락하는 것을 막아 낼 때 비로소 그 존재 의미를 가지게 된다. 사랑은 감정을 전제로 하지만 이것이 참사랑으로 완성되려면 의무가 수반되어야 한다.

[맺음말]

상대를 책임질 수 없는 행위를 함은 인간으로서 자율성과 자기 지속성에 반하는 행동이다. 의무는 상대에 대한 배려이며 사랑을 더욱 가속화시키고 지속시키는 주요인이다. 감정이 식어 버렸다고 사랑이 끝난다면, 또 사랑을 함에 있어서 의무를 수반하지 않는다면 이것은 상대방에 대해서 책임지지 않고 배려하지 않는 행위이다. 또한 자기 결단과 행위를 스스로 부정하게 되어 결국 자기 인격의정체성을 부인하는 것이 된다. 남녀 관계에서 감정만을 모두라고 생각하는 것은 인격이 미성숙한 까닭이다. 감정과 의무를 별개로 생각하는 사람들로 인해 사랑의 참된 의미가 퇴색되었다. 사랑에서 감정과 의무를 떼어 내어 생각할 수 없음을 바로 인식해야 우리는 올바른 사랑을 심화시키고 지속시켜 나갈 수 있다.

2. 토론, 어떻게 접근할 것인가?

1) 토론이란 무엇인가?

글쓰기 교육과 함께 현재 대학에서 가장 강조되는 교육이 토론 (debate, 討論) 교육이다. 그런데 영어 '디베이트(debate)'라는 말은 라틴어 동사 'debattuere'에서 왔다. 'debattuere'는 접두사 'de' 와 'battuere'의 결합인데, 전자는 'away(분리하다)' 또는 'down (제거하다)'의 뜻하고, 후자는 'to beat(치다)' 또는 'battle(전쟁)' 을 뜻한다. 그러기에 토론은 논쟁(論爭) 또는 논전(論戰)의 의미를 지니고 있다.

이러한 토론은 토의 또는 담화와 구분된다. 토론이 찬·반 양론이 분명한 데 비해서, 토의는 찬·반 양론이 불분명하다. 오히려 이해가 부족하여 이해력을 높이기 위해서 서로 이야기를 주고받는 일련의 과정이라 할 수 있다. 아울러 담화는 화자가 다수의 청자를 상대로 진행되는 일방적인 말하기라고 할 수 있다. 이처럼 토론은 자신과 입장이 다른 상대방이 분명히 존재하고, 그 상대방을 상대로 하여 자신의 입장을 관철시키고자 노력하는 일련의 논리적 설득이라 할 수 있다.

일반적으로 토론은 정해진 논제 및 규칙에 따라서 진행된다. 우선 토론의 명확한 논제가 주어지고, 찬성과 반대 입장을 지닌 양측이 자신의 논거에 입각해 자신의 주장을 펼친다. 각 팀의 주장은 다른 팀에 의해서 음미 되고, 그러한 과정은 반복적으로 진행된다. 관례적으로 공식 토론에서는 양 팀에게 동일한 물리적 시간과 발언 기회가 주어진다. 사회자는 토론을 합리적으로 진행하려고 노력해야 하며, 중립적인 입장에서 양 팀에게 동일한 발언 기회를 제공해야 한다. 규칙에 따라 질서 정연하게 이루어진 토론은 토론에 참여한 사람은 물론, 그것을 지켜보고 있는 사람들에게도 큰 유익함과 즐거움을 준다.

2) 토론의 종류[5]

토론에는 여러 가지 종류의 토론 방식이 있다. 그런데 일반적으로 학생들과 연관된 토론에는 크게 '링컨-더글러스 형 토론(Lincoln-Douglas debate)', 'CEDA 형 토론(Cross Examination Debate Association: CEDA; 상호질문 형 토론이라고도 불림)', '칼 포퍼 형 토론(Karl Popper Debate)' 등의 토론 방식이 있다.

먼저 링컨－더글러스 형 토론 방식은 1858년 일리노이 주 상원의원 선거 운동 중 링컨과 그의 라이벌이었던 더글러스가 '노예제도'라는 당대의 가장 첨예한 정치 문제를 놓고 벌인 토론 방식에서 유래한 것으로, 대표적인 일대일 토론 방식이다. 1980년 미국 전국 토론 리그(National Forensic League: NFL)가 이 토론

---

5) 김희빈, 박규철 외. 2011. 『비판적 사고와 논리』. 전주: 신아출판사. pp.346~349 참조.

방식을 채택하게 됨으로써 미국 전역에서 일반화된 토론 방식으로, '가치논제'와 연관된 것을 다룰 때 적합한 토론 방식이다.

[링컨-더글러스 형 토론 방식의 진행과정]
① 찬성 측 입론 6분
② 반대 측 질문 3분
③ 반대 측 입론 7분
④ 찬성 측 질문 3분
⑤ 찬성 측 반박 5분
⑥ 반대 측 반박 3분
⑦ 찬성 측 반박 5분
(총 소요 시간: 32분)

그다음으로 CEDA 형 토론 방식은 1947년 미국에서 해오던 NDT(National Debate Tourment) 방식에 토론자들 간의 상호 교차 질의 방식을 가미한 것으로, 20세기 후반부터 미국 대학 간 토론 대회에서 가장 흔하게 사용되는 방법이다. 각 팀당 2명이 한 조가 되어 토론에 참여하며, 토론자 개개인은 입론, 교차조사 그리고 반박의 3번의 발언 기회를 가진다. 상대방의 주장에 대해 상호 질문 시간을 줌으로써, 상대방의 주장에도 관심을 기울일 수 있도록 하는 토론 방식이기도 하다. 각종 토론 대회에서 흔하게 사용되는 방법이나, 토론의 성격에 따라 다소 변형되어 사용된다.

[CEDA 토론의 진행과정]

① 찬성 측 첫 번째 토론자의 입론 8분

② 반대 측 두 번째 토론자의 교차질문 3분

③ 반대 측 첫 번째 토론자의 입론 8분

④ 찬성 측 첫 번째 토론자의 교차질문 3분

⑤ 찬성 측 두 번째 토론자의 입론 8분

⑥ 반대 측 첫 번째 토론자의 교차질문 3분

⑦ 반대 측 두 번째 토론자의 입론 8분

⑧ 찬성 측 두 번째 토론자의 교차질문 3분

반박 준비 시간 4분

⑨ 반대 측 첫 번째 토론자의 반박 4분

⑩ 찬성 측 첫 번째 토론자의 반박 4분

⑪ 반대 측 두 번째 토론자의 반박 4분

⑫ 찬성 측 두 번째 토론자의 반박 4분

(총 소요 시간: 70분)

마지막으로 칼 포퍼 형 토론 방식은 CEDA 형 토론을 개선한 토론의 방식이다. 이 토론 방식은 어떤 이론이라도 비판적 시험

과 논의의 확장을 통해 점진적으로 수용되어야 한다는 영국의 과학철학자 칼 포퍼의 합리적 탐구 방식을 모델로 한 것이다. 각 팀당 3명의 토론자가 참여하며, 한 번의 입론과 두 번의 질문, 그리고 두 번의 반론으로 진행되는 특징을 지녔다. 현재 숙명여대와 서원대에서 채택되고 있는 토론 방식이기도 하다.

[칼 포퍼 형 토론의 진행과정]
① 찬성 측 첫 번째 토론자의 입론 6분
② 반대 측 세 번째 토론자의 질문 3분
③ 반대 측 첫 번째 토론자의 입론 6분
④ 찬성 측 세 번째 토론자의 질문 3분
⑤ 찬성 측 두 번째 토론자의 반론 5분
⑥ 반대 측 첫 번째 토론자의 질문 3분
⑦ 반대 측 두 번째 토론자의 반론 5분
⑧ 찬성 측 첫 번째 토론자의 질문 3분
⑨ 찬성 측 세 번째 토론자의 반론 5분
⑩ 반대 측 세 번째 토론자의 반론 5분
(총 소요 시간: 44분)

3) 대학 토론 배틀

텔레비전 토론 프로그램에는 여러 가지가 있다. MBC의 <100분 토론>, KBS의 <생방송 심야토론> 그리고 SBS의 <시사토론> 등이 있다. 하지만 그중에서도 가장 재미있는 토론 프로그램으로는 tvN의 <대학 토론 배틀>이 있다.

정치·경제·문화 전반의 이슈를 본격적으로 해부하는 MBC <100분 토론>, KBS <생방송 심야토론>, SBS의 <시사토론>과 달리, tvN의 <대학 토론 배틀>은 20대 대학생들의 소통 문화를 합리적으로 개선하여 한국 사회를 민주적으로 바꾸고자 하는 교육적·계몽적 성격이 강한 토론 프로그램이다. 사회를 맡은 백지연 앵커의 멘트 "20대가 바뀌면 사회가 바뀐다"라는 말이 이 프로그램의 성격을 잘 말해주고 있다.

당연히 출연진들은 모두 대학생들이다. 2011년도 대회를 볼 때, 전국에서 총 362개 팀이 참가하였던 것을 볼 때, 이 토론 대회의 열기를 짐작할 수 있다. 예선을 거쳐 본선에는 총 32개 팀이 실력을 겨루었는데, 새로운 논제와 참신한 주장들이 많이 등장하였다. 대학생들의 생기발랄함을 잘 보여준 그런 프로그램이라고 생각한다.

이 프로그램의 토론 방식은 CEDA 형 토론 방식의 변형으로, 각 팀당 대표패널 2명과 지원패널 5명, 총 7명이 한 팀을 이뤄 참여한다. 많은 사람이 참여하다 보니, 개인의 토론 능력뿐만 아니라, 팀 전체의 유기적인 소통 능력도 토론의 승리에 큰 몫을 차지한다.

2011년 대회에서는 10대 1 이상의 경쟁을 뚫고 올라온 32개 팀이 자웅(雌雄)을 겨루었으며, 마지막 결승에서는 연세대 '토론헌터' 팀이 고려대 '그다음목금토론' 팀을 이겨 최종 우승을 거머쥐었다.

토론 주제도 기발하고 참신한 것이 많았는데, 그 모두는 현재 우리 사회의 단면을 보여주는 참신한 논제들이었다. 예로 16강전에 제시된 논제들을 살펴보면, <홍대 클럽데이 부활, 문화아이콘인가? 그들만의 탈선 아이콘인가?>, <스마트폰은 인간을 바보로 만드는가?>, <결혼은 미친 짓인가?>, <대학교 졸업장, 선택인가? 필수인가?>, <반려동물 진료비 부가세, 합당한가?>, <무상등록금, 보편적 복지인가? 포퓰리즘인가?> 등이 있으며, 결승전에서는 <대한민국, 개천에서 용 나는 사회입니까?>라는 논제가 제시되었다.

결승전에서 고려대 측은 <대한민국, 개천에서 용 나는 사회입니까?>라는 논제에 대해서 찬성 입장을, 연세대 측은 반대 입장을 선택하였다. 물론 처음에는 각 팀이 서로 모두 반대 입장을 선택하고자 하였다. 왜냐하면 아무래도 한국 사회에서 반대 측 입장이 더 강한 현실적 설득력을 가지고 있기 때문이다. 잠깐 동안의 논의 결과, 고려대 측이 찬성 입장을 선택함으로써, 논지를 놓고 벌어진 신경전은 일단락된다. 하지만 결과는 찬성 측 입장을 선택한 고려대 측의 패배로 끝난다.

■ 연세대 토론헌터 vs. 고려대 그다음목금토론 결승전 분석

연세대와 고려대 양 팀은 각각 대표패널 2명과 지원패널 5명의 체제로 토론에 임했다. 연세대 팀의 대표패널은 황귀빈과 이혜린이었고, 고려대 측의 대표패널은 신아영과 김미나였다. 특히 황귀빈은 촌철살인의 날카로움으로 상대방 논리의 허점을 파고들었다. 상대방 스스로 자신의 모순을 인정하게끔 유도하는 소크라테스적 토론의 전형을 보여주었다. 지원패널 중에서 돋보였던 사람으로는 고려대의 이재욱과 연세대의 김새날이 있다. 이재욱은 시종일관 호소력 있는 논리를 전개하였으나, 연세대 팀의 날카로움을 잠재우지는 못하였다. 김새날은 대표패널들과의 유기적 연관성 속에서 고려대의 설득력을 약화시켰다.

토론의 포문은 고려대 측이 먼저 열었다. 그러면서 우리 사회는 용이 날 수 있는 사회임을 주장하였다. 과거 한국 사회는 엄격한 신분제도 사회였기에, 신분이 낮은 사람들은 원천적으로 능력을 발휘할 기회조차 주어지지 않았다. 특히, 여성들 같은 경우는 그 정도가 더하였다. 하지만 현대 한국 사회는, 물론 그 부정적인 측면이 완전히 사라진 것은 아니나, 도처에서 용이 승천하는 것을 경험하고 있다. 현미경적으로 보자면 역사에는 굴곡이 있지만, 망원경적으로 보자면 역사는 진보하고 있는 것이다. 그러기에 한국 사회는 용이 날 수 있는 사회라는 것이 고려대 측의 모두 발언 요지이다.

> "과거에는 신분제도 때문에 천한 신분이나 여성의 경우 개인의 능력을 발휘할 기회조차 얻기 어려웠다. 하지만 지금은 사회의 기회구조가 점차 열려가고 있는 상황이다.
> 누구나 스스로의 노력과 간절함으로 꿈을 이룰 수 있다. 부의 세습과 학력의 대물림으로 힘들지만 우리 사회 도처에서 용은 승천하고 있다."

이에 대해, 연세대측은 아직까지 한국사회는 심각한 사교육 편차, 불공정한 평가 기준, 사회 안전망 부재 등으로 인하여 용이 나기 어려운 사회라고 항변한다. 예를 들어, 부잣집 아이는 태어나면서부터 영어와 논리 관련 수백만 원짜리 고액 과외를 받고 초등학교에 입학하나, 가난한 집 아이는 그렇지 못하다. 향후, 이러한 사교육 편차는 그들의 장래에 큰 영향을 끼치게 된다. 분명, 개천에서 용이 나는 사회란 불리한 선천적 환경을 후천적 노력으로 극복할 수 있는 그러한 사회일 것인데, 이런 점에서 볼 때 한국 사회는 아직 용이 날 수 없는 그런 사회인 것이다. 일단 초반 분위기는 연세대 측이 유리하게 쥐고 있다.

토론에 들어가 고려대 측은 현 한국 사회가 개천에 사는 사람들의 승천을 가능하게 하는 많은 제도적 장치를 갖추고 있다고 주장한다. 고려대 측이 그 구체적인 사례로 제시하는 것은 대학 입시에서의 '기회균등할당제'이다. 차상위 계층이나 농어촌 학생들에게 균등한 기회를 제공하기 위한 목적으로 마련된 이 제도는 개천에서 용의 승천을 가능하게 해주며, 이러한 혜택을 받고 학교에 입학한 학생들은 일반 학생들보다 수능이나 내신에서 더 좋은 성적을 기록하고 있다. 아울러 과거에 비해 여성들의 진출도 두드러졌는데, 이 역시 용의 승천에 대한 긍정적인 사례 중의 하나이다. 비록 많은 수의 사람들이 개천에서 용으로 승천하는 것은 아니지만, 의식과 제도에서의 개선을 통하면 한국 사회에서 용의 승천은 가능한 것이다.

이에 맞서 연세대 측은 고려대 측이 제시한 다양한 종류의 용의 승천 사례에 대한 면밀한 분석을 통하여 고려대 측의 약점을 파고든다. 우선 고려대 측에서 제시한 사례들이 제대로 시행되지 않고 있거나, 시행된다고 하더라도 큰 효과를 발휘하지 못하고 있음을 집중적으로 부각시킨다. 실제적으로 기회균등할당제도는 38% 정도가 편법적으로 운영되고 있으며, 저소득층의 기회를 가로채기 위하여 편법을 저지르는 사람들은 위장이혼과 위장전입도 서슴지 않는다. 그리고 3급 이상의 고위 공직자 중 여성의 비율은 3%이며 이것은 OECD 가입 국가 중 최하위의 성적이다. 이처럼 연세대 측은 시종일관 고려대 측의 논리적 허점을 놓치지 않고 자신들의 공격수단으로 사용한다.

전반전은 대체적으로 고려대 측의 수비와 연세대 측의 공격으로 이루어졌다. 승부가 갈린 지점은 사례와 통계의 사용에 있었는데, 고려대 측은 적극적으로 통계 자료를 제시했고 연세대 측은 이 통계 자료가 불충분함을 지적하였다. 전반전 결과는 23:7로 연세대가 승리하였다.

후반전에 임해, 고려대 측은 작전을 변경한다. 그 작전은 바로 '용에 대한 개념과 가치를 재설정'하는 것이다. 그리하여 그들은 "이 사회의 용은 부와 명예를 획득한 용이 아니라 자아를 실현하는 용"이라고 주장한다. 그들에 의하면, 현대 사회에서 용의 승천, 즉 성공은 다양하게 이해될 수 있다. 그러기에 학력·학벌·부에 국한된 성공은 용의 승천을 이해하기에는 너무나 좁은 스펙트럼이다. 이처럼 고려대 측은 자아실현이라는 관점에서 용의 승천을 재조망한다.

용의 개념과 가치를 재설정함으로써, 토론에 탄력을 받은 고려대 팀은 논의를 확장해간다. 그들은 방송인 유재석과 김제동을 한국 사회의 대표적인 용들로 언급한다. 하지만 그들의 이러한 언급은 오히려 자신들에게 불리하게 작용한다. 왜냐하면 그들이 자기 분야에서 자아를 실현한 소시민적 영웅이라고 언급한 사람들은, 실상 방송 분야에서 엄청난 부와 명예를 걸머쥔 세속적 성공의 대명사이기 때문이다. 이후 고려대 측은 교육과 제도를 통한 용의 승천이 가능함을 주장하나, 연세대 측은 그것이 한국 사회에서 큰 효과가 없는 것이라 반박한다.

후반전에서 고려대 측은 다시 한 번 자신들의 입장을 바꾸면서 토론의 반전을 꾀한다. 그들은 한국 사회에서 용이라는 존재는 당위적·필연적으로 존재해야 된다는 논리를 펼친다. 지원패널로 참여한 이재욱은 "이 시대의 진정한 용은 타인의 아픔을 나누고 고통을 분담하는 사람"이라고 규정하면서 토론의 주도권을 잡으려 한다. 다음은 그의 논리가 담긴 세 문장이다.

> 용은 필연적으로 개천에서 나올 수밖에 없다.
> 영웅은 난세에 태어난다.
> 난세인 사회에서 수많은 용이 승천할 수밖에 없다.

사실 용의 가치와 당위의 문제를 초반부터 제기했더라면, 고려대 팀은 전반전부터 토론의 주도권을 행사할 수도 있었을 것이다. 하지만 아쉽게도 고려대 팀은 그렇게 하지 못하였다. 심사위원들과 방청객들을 설득시킬만한 좋은 작전임에도 불구하고 고려대 팀은 전략의 부재로 인하여 계속해서 수세에 몰리고 만다. 한진중공업의 김진숙 지도위원을 용으로 볼 것인가 말 것인가

하는 문제에서 두 팀의 승패가 갈리는 것 같았다.

고려대 측은 김진숙 지도위원이야말로 이 시대의 진정한 용이라고 주장하면서 승리를 굳히려 한다. 왜냐하면 김진숙 지도위원이야말로 한국사회의 아픔을 몸소 체험하고 있는 이 시대의 진정한 용의 표상이기 때문이다. 하지만 고려대 측의 이러한 날카로움은 연세대 측의 다음과 같은 반격에 가로막혀 그 빛을 잃고 만다.

> "김진숙 씨 같은 용은 나와서는 안 된다고 생각합니다. 그분은 용이 나지 않는 사회구조 때문에 태어난 용이기 때문입니다. 우리 사회가 용이 나는 사회라면, 그리고 사회에서 안전망이 잘 갖춰진 사회였다면, 그분이 그 크레인 위에 올라가셨겠습니까?"

연세대 측의 마지막 발언에서는 '예증법'이 돋보였다. 이혜린은 상고 출신의 자신의 아버지 사례를 인용하며, 현재 한국 사회는 아버지 세대보다 더 열악하고 불평등한 세상 속에서 살고 있다고 진단한다.

고려대 측의 마지막 발언에서는 진정성이 돋보였다. 계속해서 그들은 진정한 용은 필연적으로 개천에서 태어난다고 주장하면서 우리가 희망의 끈을 놓지 말기를 주문한다.

결과는 65:35로 연세대 측의 승리로 끝났다.

▶ 연세대 측의 승리 요인

① 일관된 작전 전개

② 정확하고 풍부한 통계 자료 확보

③ 반증사례를 통한 역공에 능함

▶ 고려대 측의 패배 요인

① 작전 실패와 용의 개념과 범주에 대한 정확한 설정 미흡

② 부정확하고 근거가 약한 통계자료 의존

③ 실례를 통한 결론 도출 실패

3. 독서와 토론, 어떻게 연결할 것인가?

앞에서도 언급했듯이, 토론은 찬성과 반대 내지는 긍정과 부정의 입장을 명확히 선택해야 하고, 그러한 기반 위에서 자신의 논지에 대한 정당화 또는 논적의 논지에 대한 비판이 이루어져야 한다. 그럼 이러한 토론의 활동이 독서의 영역에서도 이루어질 수 있을까?

물론 엄격한 잣대를 들이대면, 독서 영역에서는 토론이 불가능하다. 왜냐하면 일반적인 의미에서의 독서 토론이란 것은 독서를 통한 대화 내지는 의견 교환의 성격이 강하기 때문이다. 거기에

서는 토론에서 요구하는 긍정과 부정 혹은 찬성과 반대의 입장
은 명확히 존재하지 않는다. 오히려 같은 책을 다른 사람은 어떻
게 이해하고 있는가 하는 것을 확인하는 의견 교환의 성격이 강
하다.

하지만 그렇다고 독서와 토론이 영영 평행선을 달리는 것은
아니다. 좋은 책을 선택해 훌륭한 멘토의 도움을 받는다면, 독서
와 토론의 연결은 얼마든지 가능하기 때문이다. 그러기에 독서와
토론의 연결에서 가장 중요한 것은 우리를 토론의 장으로 이끌
수 있는 좋은 책을 선택하여 읽고, 그 안에서 훌륭한 토론의 소
재를 이끌어내는 것이다.

동서고금을 막론하고 토론에 가장 적합한 책은 역시 고전이다.
사실 고전이라는 것 자체가 몇 천 년 혹은 몇 백 년을 두고 각
문화권에서 살아남은 가장 경쟁력 강한 책들이 아니던가? 그러
기에 독서와 토론을 연결하고자 하는 사람들은 우선적으로 동서
고금의 고전들 중 가장 좋은 책을 선정하여 읽는 데 주력해야 할
것이다.

그런데 고전은 누가 선정하는가, 그리고 어느 기관이 선정하는
가에 따라 각기 다르게 선정될 수 있다. 하지만 아무리 선정하는
기관이나 주체가 다르다 할지라도, 거부하기 힘든 객관적 사실이
있기 마련이다. 예를 들어, 서양사상과 연관된 고전을 언급하면

서 플라톤의 『국가』와 같은 책을 빠뜨릴 수는 없기 때문이다.

이에 우리 책에서는 서울대에서 선정 발표한 권장도서 100권을 소개할까 한다. 서울대학교는 기초교양교육 강화의 취지를 살리고 내실을 기하기 위해 대학생들에게 추천할 만한 권장도서 목록을 선정하였는데, 그 목록을 소개하면 다음과 같다.
(출처: http://book100.snu.ac.kr/book/)

『권장도서 100선 목록』

연번	분류	서명	저자
1	한국문학	고전시가선집	
2		연암산문선	박지원
3		구운몽	김만중
4		춘향전	
5		한중록	혜경궁 홍씨
6		청구야담	작자 미상
7		무정	이광수
8		삼대	염상섭
9		천변풍경	박태원
10		고향	이기영
11		탁류	채만식
12		인간문제	강경애
13		정지용 전집	정지용
14		백석 시 전집	백석
15		카인의 후예	황순원
16		토지	박경리
17		광장	최인훈

연번	분류	서명	저자
18		당시선	
19		홍루몽	조설근
20		루쉰 전집	루쉰
21		변신인형	왕멍
22		마음	나쓰메 소세키
23		설국	가와바타 야스나리
24		일리아드, 오딧세이아	호메로스
25		변신이야기	오비디우스
26		그리스비극 선집	소포클레스/아이스퀼로스/에우리피데스
27		신곡	단테
28		그리스로마신화	
29		셰익스피어 (Hamlet, Macbeth, Asyoulikeit, Tempest)	셰익스피어
30		위대한 유산	찰스 디킨스
31		주홍글씨	호손
32	외국 문학	젊은 예술가의 초상	제임스 조이스
33		허클베리 핀의 모험	마크 트웨인
34		황무지	엘리엇
35		보바리 부인	플로베르
36		스완네 집 쪽으로	프루스트
37		인간조건	말로
38		파우스트	괴테
39		마의 산	토마스 만
40		변신	카프카
41		양철북	그라스
42		돈키호테	세르반테스
43		백 년 동안의 고독	마르케스
44		픽션들	보르헤스
45		고도를 기다리며	베케트
46		카라마조프가의 형제들	도스토옙스키
47		안나 카레니나	톨스토이
48		체호프 희곡선	체호프

연번	분류	서명	저자
49	동양 사상	삼국유사	일연
50		보조법어	지눌
51		퇴계문선	이황(李滉)
52		율곡문선	이이(李珥)
53		다산문선	정약용(丁若鏞)
54		주역	작자 미상
55		논어	
56		맹자	맹자(孟子)
57		대학, 중용	증자(曾子), 자사(子思)
58		제자백가선도	
59		장자	장자(莊子)
60		아함경	작자 미상
61		사기열전	사마천(司馬遷)
62		우파니샤드	작자 미상
63	서양 사상	역사	헤로도토스(Herodotos)
64		의무론	키케로(Cicero, Marcus Tullius)
65		국가	플라톤(Platon)(영: Plato)
66		니코마코스 윤리학	아리스토텔레스(Aristoteles)
67		고백록	아우구스티누스(Aurelius, Augustinus) (영: SaintAugustine. SaintAugustineofHippo)
68		군주론	니콜로 마키아벨리(Machiavelli, Niccol?)
69		방법서설	르네 데카르트(Descartes, Rene)
70		리바이어던	토마스 홉스(Hobbes, Thomas)
71		정부론	존 로크(Locke, John)
72		법의 정신	
73		에밀	장 자크 루소(Rousseau, Jean-Jacques)
74		국부론	아담 스미스(Smith, Adam)
75		페더랄리스트 페이퍼	알렉산더해밀턴(Hamilton, Alexander)
76		미국의 민주주의	알렉시스토크빌(Tocqueville, Alexis (Charles-Henri-Maurice Clé rel) de)
77		실천이성비판	임마누엘 칸트(Kant, Immanuel)
78		자유론	존 스튜어트 밀(Mill, John Stuart)
79		자본론	칼 마르크스(Marx, Karl Heinrich)

연번	분류	서명	저자
80	서양 사상	도덕계보학	프리드리히 니체(Nietzsche, Friedrich)
81		꿈의 해석	지크문트 프로이트(Freud, Sigmund)
82		프로테스탄티즘의 윤리와 자본주의 정신	막스 베버(Weber, Max)
83		감시와 처벌	미셸 푸코(Foucault, Michel Paul)
84		간디 자서전	M.K. 간디 지음; 함석헌 옮김
85		물질문명과 자본주의	페르낭 브로델(Braudel, Fernand)
86		홉스봄 4부작: 혁명의 시대, 자본의 시대, 제국의 시대, 극단의 시대	에릭 홉스봄(Hobsbawm, Eric John Ernst)
87		슬픈 열대	레비스트로스(Levi-Strauss, Claude)
88		문학과 예술의 사회사	아르놀트 하우저(Hauser, Arnold)
89		미디어의 이해	마셜 맥루한(Mcluhan, Marshall)
90	과학 기술	과학고전 선집	
91		신기관	프랜시스 베이컨(Bacon, Francis)
92		종의 기원	찰스 다윈(Darwin, Charles Robert)
93		과학혁명의 구조	토마스 쿤(Kuhn, Thomas S.)
94		괴델, 에셔, 바흐	더글러스 호프스태터(Hofstadter, Douglas R.)
95		부분과 전체	베르너 하이젠베르크(Heisenberg, Werner)
96		엔트로피	제레미 리프킨(Rifkin, Jeremy)
97		이기적 유전자	리처드 도킨스(Dawkins. Richard)
98		객관성의 칼날	찰스 길리스피(Gillispie, Charles Coulston)
99		같기도 하고, 아니 같기도 하고	로얼드 호프만(Hoffmann, Roald)
100		카오스	제임스 글리크(Glieck, James)

　　아울러 <서울대 학생을 위한 권장도서 100선>의 인터넷 사이트(출처: http://book100.snu.ac.kr/book/)에는 『국가』에 관한 해제와 작품 소개가 다음과 같이 나와 있다.

[해제]

정치공동체의 목적은 무엇이며 가장 좋은 나라는 어떤 나라인가? 정의란 무엇이며 과연 정의로운 사람이 부정의한 사람보다 더 행복한가? 서양세계 첫 정치철학서로 평가되는 플라톤의 『국가』는 이 같은 물음을 제기하며 정치공동체 내에서 인간의 삶을 전체 모습에서 검토한다. 이 책은 페르시아전쟁에서 승리한 저자의 조국 아테네가 50여 년의 융성기를 보낸 후 스파르타와의 30년에 걸친 펠로폰네소스전쟁으로 몰락해 가는 모습을 담고 있다. 특히 이 책에는 그가 사랑하던 아테네 식 정치공동체의 회생에 대한 저자의 깊은 소망이 담겨 있다.

그는 또 자신의 이상 국가 소망이 끝내 이루어지지 못할 것임을 예견하고는 그런 국가가 지상의 어느 곳에도 존재하지 않는 '유토피아'라고 책의 말미에 밝히기도 했다. 유토피아를 통해 그가 그린 것은 허황한 꿈이 아니라, 인간이 인간으로서 갖춘 능력이 최상의 수준에서 발휘되는 공동체의 모습과 그 성립을 위한 조건이다.

이 책에 담긴 그의 성찰은 그 시대와 지역에만 국한되는 것이 아니라 현재의 정치상황이나 그 안에서 일어나는 인간의 삶의 문제를 얘기할 때도 언제든지 대입해 생각해 볼 수 있는 근본적인 문제를 다루고 있다는 데 특히 의미가 있다.

이 책은 오늘의 시각에서도 대담하다고 할 수 있을 많은 주장들을 담고 있다. 예를 들어 철인통치론이나 시인추방론, 사유재산을 갖지 않는 통치자들의 이상적 공산공동체 구상, 여성통치자가 등장할 기회 부여, 그리고 교육의 공공성에 대한 주장 등이 그렇다. 이런 주장 중에서 지금까지 가장 지속적인 영향을 미쳐온 것은 '국가는 정의를 토대로 할 때에만 좋은 나라가 될 수 있다'라는 것과 '앎에 기초한 통치를 해야 한다'라는 주장이다. 그는 '모든 이에게 각자의 것'이라는 정의 아래 △개개인이 자신의 능력에 맞는 일을 하고 △그에 합당한 것을 배분받으며 △각자 타고난 능력이 최대한 발휘되는 공동체가 가장 좋은 나라라고 규정했다. 그는 또 구성원들의 마음을 가장 잘 이해하는 사람이 공동체를 통치하면 그 나라가 가장 좋은 나라가 될 것이라며 이를 '철인(哲人)통치'라고 정의했다. 이는 서양 문명 초창기의 '지식국가' 모습을 예견하고 있는 것이다.

이 책은 어제 나눈 긴 대화를 다시 전하는 형태로 서술되어 있다. 그러나 어떤 대화가, 누구와 어떻게 이어질지는 결정되어 있지 않다. 이런 설정을 통해 대화자가 누구이며 어떤 상황인가에 따라 향후 논의내용과 전개방향이 얼마든지 달라질 수 있는 '열린 구조'를 갖게 된다. 독자들은 어느 단계에서나 전혀 다른 논의 전개를 시도하며 대화 과정에 개입할 수 있는 것이다. 이 같은 방식을 통해 플라톤은 철학이 특정한 교설(教説·가르치고 설명함)의 '굳은 체계'가 아니라 주어진 문제에 관해 진리를 추구하며 이것이 대화를 통해 이뤄지는 '생동하는 현장'임을 보여주려 하고 있다. 플라톤은 제기되는 물음과 비판에 대해 방어하며 근거를 제시하는 탐구의 작업만이 학문이며 철학일 수 있다고 강조해 왔다.

박종현 교수의 공들인 번역 덕분에 2,500년 전의 고전을 한국의 독자들도 정확하고도 유려한 우리말로 읽을 수 있게 되었다. (김남두, 서울대 교수, 철학과)

[작품소개]

플라톤의 가장 위대하고 방대한 저서인 『국가』는 모두 10권으로 이루어져 있으며 그중 청년시절에 집필한 1권은 초기 저작으로 소크라테스의 사상을 설명하는 데 머물러 있다. 그러나 나머지 9권은 아카데미 창설 후 집필한 중기 후반부의 저작들로 플라톤 자신의 사상이 충분히 전개되어 있다. 이 저서는 저술 양이 워낙 많은 만큼 형이상학, 인식론, 정치사상, 심리학,

교육학, 예술론 등 철학의 거의 모든 영역을 다루고 있다. 이 책은 케팔로스의 집에서 이루어진 소크라테스와 여러 사람들과의 대화를 그대로 플라톤이 보고하는 간접적 대화형식으로 되어 있다. 전개되는 대화는 올바름을 주제로 하는 것이며, 사람 개개인의 올바름에 대한 탐색으로부터 국가의 올바름에 대한 탐색으로 이어지며, 다시 국가의 올바름을 사람 개개인의 올바름과 비교해 보는 방식으로 진행된다. 저자는 올바름은 전체를 구성하는 다양한 부분들이 자신의 고유한 기능을 수행하고 다른 부분의 기능에 간섭하지 않을 때 이루어지는 조화라고 생각했다. 개인의 올바름은 그의 혼을 이루는 3부분, 즉 지혜, 용기, 절제 등이 저마다 제 기능을 수행할 때 나타나며, 공동체의 올바름은 구성원들 모두가 자신에게 할당된 역할을 수행할 때 나타난다는 것이다. 즉, 플라톤은 국가를 커다란 인간으로 보고, 개인의 영혼이 3가지로 이루어진 것처럼 국가도 이성을 나타내는 지혜의 통치계급, 기개를 의미하는 용기의 방위계급, 욕구를 나타내는 절제의 생산계급의 3계층으로 구성된다고 생각했다. 이러한 계층의 구별은 출신이나 부에 의한 것이 아니라 국가가 제공한 교육에 의해서 결정되는 것이고, 시험과정을 거치면서, 자신의 영혼에서 어느 부분이 더 우세한가에 따라 속할 계층이 결정된다고 생각했다. 그리고 이들의 조화에 의해 정의가 실현될 수 있다고 보았다. 또한 저자는 개인은 이성이 지배할 때 조화가 달성되는 것과 같이, 이상 국가는 인격과 지혜를 갖춘 철인(哲人)에 의해서 통치되는 국가라고 생각하여, 가장 바람직한 정치로 철인정치를 주장하였다. 그리고 그는 이 이상적 형태에서 타락한 것들로서 참주제와 과두제, 민주제 등을 이야기했다. 이와 같이 이 책은 약 5,000가구 정도로 제한되는 규모의 도시 국가 안에 보편적 진리가 통치 질서로서 관철되는 완전한 공동체를 제시하여, 국가가 지향해야 할 이념을 보여주고 있다. 그러나 민주 정치를 타락한 국가 형태로 간주하는 점 등에서, 『국가』는 많은 비판을 받기도 하였다.

서울대 권장도서 100선에 대한 상세한 해제집은『창조적 지식인을 위한 권장도서 해제집 - 문학에서 과학기술까지』(2011)라는 이름으로 출간되어 있다. 아울러 서울대 이외의 대학에서도 이와 비슷한 해제집을 출간하고 있기에 동서양 고전을 깊이 있게 공부하고자 하는 사람들은 우선적으로 이러한 해제집을 통하여 자신감을 얻고, 그다음에 본격적으로 원전에 도전하기를 권한다.

플라톤의『국가』와 관계하여 현재 출판계에는 수많은 종류의 책들이 나와 있다. 그 가운데에서도 공부하기에 가장 도움이 되는 책으로는 박종현 교수의『국가 - 정체』(1997), 김영균 교수의『국가』(2008) 그리고 필자의『플라톤의 국가』(2006) 등이 있다. 박종현 교수의『국가』는 원 그리스(헬라스)어에서 우리말로 정확히 옮긴 것으로 꼼꼼하고 아름다운 번역으로 정평이 나 있다. 김영균 교수의 책은『국가』를 쉽게 풀어쓴 것으로 대학 초년생들이 읽기에 적합하다. 그리고 본인의 책은 대학 입시 논술을 준비하는 학생들에게 도움이 될 요량으로 집필되었다. 특히 삼성출판사가 한국철학사상연구회가 힘을 합해 만든 'EASY 고전시리즈' 중의 하나이기도 하다.『국가』에 대한 지식이 왕초보인 사람은 본인의 책부터, 어느 정도 철학 공부를 한 사람은 김영균 교수의 책부터 시작하는 것이 좋을 듯하다.

그럼 글쓰기와 토론 실력을 높이기 위해 우리는 플라톤의『국가』를 어떻게 읽을 것인가?

제2부

플라톤과 『국가』,
어떻게 이해할 것인가?

"철학은 플라톤이고, 플라톤은 철학이다."

－에머슨－

1. 우리는 과연 플라톤을 어느 정도 알고 있는가?

1) 레슬링 선수 아리스토클레스를 알고 있는가?

플라톤은 기원전 428년의 5, 6월의 이렛날에 아테네에서 태어[6]난 기원전 347년에 80세로 생을 마감하였다. 그의 본명은 아리스토클레스이나 우리에게는 플라톤이라는 별명으로 알려졌다. 원래 플라톤이라는 별명은 '어깨가 넓은 사람'을 뜻하는 평범한 말이지만, 플라톤이 이 별명을 얻은 뒤로는 그의 '고유한 이름'이 되었다. 역사적 기록에 의하면, 플라톤은 당대의 국제적인 레슬링 경기 대회가 열렸던 '이스트미아 제전'(포세이돈(Poseidon)을 기리기 위한 제전으로 이스트모스에서 2년에 한 번씩 개최되었다)에서 2번이나 우승한 것으로 보고되고 있는데, 이것으로 우리는 그가 얼마나 레슬링 경기에 능한 선수였는지 알 수 있다. 어쨌든 레슬링 선수 아리스토클레스는 플라톤으로 다시 태어났던 것이다.

플라톤의 아버지는 아리스톤이고 어머니는 페릭티오네이다. 아버지는 아테네의 마지막 왕인 코르도스의 후손이고 어머니 집안 역시 명문가 솔론과 연결되어 있다. 플라톤이 어렸을 적에 아

---

6) 여기의 제2부와 다음의 제3부에서 소개하는 플라톤이나 『국가』 관련 내용 중 일부는 2006년도 출판되었던 본인의 『플라톤의 국가』(2006) 내용을 수정하여 싣는다.

버지가 일찍 돌아가셨기에, 어머니는 재혼을 하였는데 그 당사자
는 페리클레스의 친구 피릴람페스였다. 이 사이에서 안티폰이 태
어났으며, 플라톤의 친형제로는 아데이만토스와 글라우콘이 있
다. 누이동생으로는 포토네가 있다. 플라톤 아카데미의 2대 원장
이었던 스페우시포스가 그녀의 아들이다. 플라톤은 결혼을 하지
않았기에 그에게는 자식들이 없다. 그가 죽고 난 이후 아카데미
의 원장 직은 조카였던 스페우시포스가 물려받았다. 아마도 이에
불만(?)을 품은 아리스토텔레스가 뤼케이온을 열었다는 이야기도
전해진다.

전해오는 철학사의 뒷이야기에는 플라톤과 관련된 신비스럽고
믿기 어려운 이야기들이 많다. 물론 만들어진 이야기이겠지만, "플
라톤이 2명의 부인과 동시에 결혼했다"느니 "플라톤은 사랑을
나누다 죽었다"느니 하는 출처 불명의 이야기들이 있다. 하지만
그 모든 이야기들은 사실 확인을 거치지 않은 것들이고 그의 생
애와 관련해서 그래도 믿을만한 이야기로는 그가 어려서부터 레
슬링에 단련한 운동선수였다는 것과 당대의 극작가들과 어깨를
겨룰 만큼 뛰어난 작가였다는 것이다.

사실 그 당시의 아테네 청년들이 모두 그러했던 것처럼, 플라
톤은 일찍부터 정치가로서의 꿈을 키웠다. 집안도 좋고 능력도
있다 보니 당연히 그러했을 것이다. 지금에는 개인적 출세를 위
해서 정치에 입문하는 사람들이 많지만, 그 당시에는 아테네의
시민이라면 누구나 의무적으로 아테네 공동체에 헌신하는 삶을

살아야 했다. 그래서 그는 수사학을 배우고 희극 작품을 발표하면서 입신양명의 기회를 엿보았다. 하지만 그의 이러한 꿈은 당대의 대(大)철학자 소크라테스를 만나게 되면서부터 일대 혁신을 맞게 된다. 그리고 그는 자신이 집필한 원고를 모두 불태우면서 소크라테스를 따라 철학자로서의 길을 가게 된다. 그때 그의 나이 20세였다. 그런데 이것도 잠깐. 기원전 399년 스승 소크라테스는 당대 아테네를 이끌었던 기득권 세력의 우두머리들인 아뉘토스와 멜레토스 그리고 뤼콘의 모함을 받아 사형에 처해지고 만다. 소크라테스가 70세 때의 일이다.

이 사건 이후, 플라톤은 현실 정치 세계에 완전히 실망하고 만다. 노년기에 아테네로 돌아와 정착하기까지 플라톤의 삶은 방랑의 역사였다. 그는 아테네 인근 도시국가들을 주유(周遊)하면서 세월을 보냈다. 당연히 큰 고생을 하였는데, 심지어는 노예로 팔려 갈 뻔하기도 하였다. 비록 동료의 도움으로 가까스로 목숨은 건지기는 하였지만 그의 삶은 고난의 연속이었다. 마치 중국의 공자(孔子)처럼 그는 그렇게 자신을 단련시켰던 것이다.

역사적으로 볼 때, 플라톤이 태어나 성장한 시기는 정확히 아테네와 스파르타 간의 펠로폰네소스 전쟁 시기, 즉 기원전 431년에서 404년까지 약 30년간에 걸쳐 진행되었던 참혹한 전쟁의 시기와 거의 일치한다. 그런데 이 전쟁에서 플라톤의 조국 아테네는 전쟁 강국 스파르타에 무참히 패배하고 만다. 전쟁 이후, 아테네 제국은 몰락하고 새로운 스파르타의 시대가 도래한다.

스파르타 승리 이후, 아테네 정가(政街)는 친(親)스파르타 성향의 30인 과두정권이 지배하였다. 그런데 이 과두정권인 핵심멤버였던 크리티아스는 플라톤의 외당숙이었으며 또 다른 멤버 카르미데스는 그의 외삼촌이었다. 과두정권의 실세들이 모두 플라톤과 친한 사람들이었던 것이다. 당연히 플라톤에게도 현실 정치 참여의 기회가 제공되었다. 하지만 그는 과두정권에 속한 사람들의 정치적 행태에 큰 실망을 느낀 나머지, 그 제안을 거절한다. 플라톤의 선견지명을 입증이라도 하듯이, 아니나 다를까 그 과두정권은 90일 만에 붕괴되고 만다.

잘 알려졌듯이, 아테네는 과두정을 지향하는 스파르타와 달리 민주정에 의해서 운영되는 대표적인 도시국가였다. 그런데 플라톤은 펠로폰네소스 전쟁에서 조국 아테네의 패배를 통하여 아테네 민주정체의 근본적인 결함에 대해서 숙고하기 시작한다. 물론 플라톤이 법치주의에 근거한 민주정체의 유의미성을 모르고 있었던 것은 아니었으나, 전쟁을 경험하면서 그는 아테네 민주정의 본질적인 문제점, 즉 민주정이 권력남용의 문제에 취약하고 폴리스의 법률들이 무효화될 수 있는 불안정한 시스템이라는 것을 분명하게 인식하였던 것이다. 이런 인식으로 인하여 그는 아테네 민주정에 대한 비판적인 자세를 견지하면서 이상 국가에 대한 그의 신념을 불태웠다.

사실 플라톤은 현대적 의미에 있어서 전문적인 정치가 또는 정치철학자는 아니었다. 하지만 그는 시종일관 현실 정치 문제에 대한 깊이 있는 접근을 시도하고 그것을 현실적으로 구체화시키고자 하는 열망을 포기하지 않았다. 정치에 입문해 세상을 바르게 만들고 싶다는 그의 꿈이 좌절되었을 때에도, 그는 시라쿠사의 젊은 군주 디오니시오스 Ⅱ세를 통하여 그 가능성을 타진하였으며, 그것마저 좌절되었을 때에는 아카데미의 제자들을 통하여 그 꿈을 실현하고자 하였다. 이처럼 플라톤은 철인-왕(philosopher-king)과 같은 현자에 의한 통치가 이 땅에서 실현되기를 염원하였던 것이다.

소크라테스의 죽음 이후, 플라톤은 기존 정치세력으로부터 견제와 감시를 받는 처지에 놓이게 된다. 아무래도 아테네에서의 제반 활동이 제한적일 수밖에 없었다. 그래서 그는 남이탈리아(당시 이탈리아는 마그나 그라시아(Magna Graecia)라 불리는 그리스의 식민국가였다)를 거쳐 시칠리아의 시라쿠사 지역을 여행하면서 후일을 도모하였다. 그런데 이 여행 기간 중에 그는 뜻밖의 수확을 얻게 되는데, 그것이 바로 피타고라스 학파 철학자들과의 만남이었다. 그 가운데에서도 그는 수학자·천문학자·철학자인 아르키테스에게 깊은 영향을 받았는데, 후일 그가 아테네에 세운 아카데미 학원 역시 피타고라스의 학문 공동체를 모방한 것이기도 하였다. 어떻게 보면 그는 고난의 여행 중에 자신의 철학을 형이상학적으로 업그레이드시키는 귀한 철학의 스승과 동지들을 만났던 것이다.

예로부터 시칠리아 지역은 지중해 북부 지방에서 스페인과 프랑스 남부를 포함하는 지역에 확산되어 있던 '그리스 문명'과 아프리카 북부의 카르타고를 지배하고 있던 '페니키아 문명'이 만나는 중간 지역으로 잘 알려졌었다. 아울러 지중해 인근 국가들이 서로 탐내는 전략적 요충지이기도 하였다. 그런데 여기에서 플라톤은 아테네에서는 생각하지 못하였던 '영혼불멸'과 같은 새로운 사상을 접했던 것이다. 그의 이러한 접촉의 흔적은 대화편 곳곳에 남아 있다. 어쨌든 그는 이탈리아와 시칠리아 여행을 통하여 존재론자·형이상학자로 거듭났던 것이다.

플라톤이 이탈리아와 시칠리아 지역을 여행하면서 느낀 생각들은 그의 『일곱째 편지』에 고스란히 드러나 있다. 다른 대화편들과 달리, 이 편지는 그의 작품 중 유일하게 자신이 주인공으로 등장하여 자기 생각을 여과 없이 솔직히 언급하고 있는 것으로 유명하다. 비록 그의 편지들에 대해서 진위(眞僞) 여부를 확인하려고 하는 사람들도 많이 있지만, 내가 판단하기에 『일곱째 편지』가 플라톤의 진짜 작품인 것은 확실한 것 같다. 아마 이 작품처럼 플라톤 자신의 속내를 그렇게 확실히 드러내는 작품도 없을 것이다. 『일곱째 편지』에 나타난 그의 말을 옮기면 다음과 같다.

> "이런 일들과 정치하는 사람들을, 그리고 법률과 관습들을 두루 살펴보았을 때, 나이를 더 먹어 가면서 더 생각해 볼수록 올바르게 정치를 한다는 것이 그만큼 더 어려운 일로 내게는 여겨지는 것이었소. 왜냐하면 친구들이나 신뢰할 만한 동지들이 없이 실제 행동을 취한다는 것은 불가능한 일이었으니까 말이오. 온 나라가 이미 우리 조상들의 관습과 풍속대로 운영

되지 않는 터에 내 주변에서 그런 동지들을 찾는다는 것 또한 쉬운 일이 아닐뿐더러 새로운 동지들을 얻는다는 것은 또 엄청나게 힘든 일이었으니 말이오. 그리고 성문화된 법률과 관습도 타락해 가고 있었으니 그 타락은 놀라울 정도의 속도로 진전되어 갔소. 그리하여 처음에는 몹시도 공부에 참여하고 싶은 열의로 충만해 있던 나였지만, 이런 일들을 유의해 보매 모두가 한결같이 그런 식으로 되어 가고 있음을 보고서는 마침내 현기증을 느끼기에 이르렀소. 그렇지만 나는 한편으로는 이러한 일들과 관련해서, 특히 국가 체제 전체와 관련해서 어떻게 보다 좋게 되는 방도가 없을까 하는 문제를 생각하는 일을 그치지 않았고, 다른 한편으로는 다시금 실제로 공무에 참여할 기회를 언제나 기다리고 있었댔소. 그러나 마침내는 현존하는 모든 나라들을 두고 볼 때, 모두가 한결같이 나쁘게 통치되고 있다는 사실을 깨닫기에 이르렀소. 왜냐하면 그런 나라들에 있어서의 법률적 상황은 어떤 요행이 따른 경이적인 대책이 없는 한, 거의 치유 불가능한 상태에 있으니까. 그래서 나는 바른 철학을 찬양하면서 정치든 사사로운 일이든 간에 모든 것들이 올바르게 되는 걸 본다는 것은 바른 철학으로부터나 가능한 일이라고 단언하지 않을 수 없게 되었소. 따라서 바르게 그리고 진정으로 지혜를 사랑하는 이들의 부류가 정치적인 직위들을 떠맡게 되거나 아니면 현재 나라들에 있어서 집권하고 있는 부류의 사람들이 어떤 섭리에 의해서 진정으로 철학을 하게 되기 이전에는, 인류는 결코 악과 불행의 종식을 못 보게 될 것이라고 또한 단언하게 되었소. 이런 생각을 지니고서 나는 이탈리아와 시칠리아로 갔었소. 처음 내가 그곳에 갔을 때 말이오.

(…)

나는 디온의 친구인 당신들에게 조국에 대한 그의 헌신과 삶에 대한 그의 절제된 태도를 배우기를, 그리고 좋은 행운아래 그의 뜻을 애써 수행하기를 권고하는 바입니다. (…) 당신들은 지금 하루도 빠지지 않고 온갖 당파적 불화와 알력에 시달려 왔습니다. 신의 가호 아래 조금이라도 올바른 생각을 가지고 있는 사람이라고 한다면, 그 어떤 내란에도 항상 비극적 참상의 위험이 도사리고 있다는 사실을 명심해야 합니다. 그리고 이것은 싸움에서 이기는 자들이 적을 학살하고 추방해서 그들의 원한을 풀고자 하는 한, 그리고 상대편에게 반드시 복수를 하고자 하는 한 계속될 것입니다. 그리고 이러한 참상이 끝을 맺으려면 권력을 차지한 자들이 자제력을 발휘해서 패배한 자에게나 승리한 자에게 모두 평등하게 적용될 수 있는 법을 공포하는 것이다. 그리고 패배한 자에게 법을 지키도록 다음 두 가지를 강제해야 합니다. 그것은 '염치(廉恥)'와 '두려움'입니다. 여기에서 두려움이란 승리한 자가 힘에 있어서 패배한 자보다 더 우월하다는 것을 보여줌으로써 얻어지고, 염치란 승리한 자가 자신의 감정과 욕구를 억제하는 능력과 법을 만들고 준수하는 능력에서 우월하다는 것을 보여줌으로써 얻어지는 것입니다. (...) 법이 공포되면 모든 것은 이에 준해서 이루어집니다. 승리한 자가 패배한 자보다도 법은 잘 지킨다는 것을 보여주면 서로의 구원과 행복이 온 나라에 가득할 것이며, 모든 악과 불행은 사라질 것입니다. 만일 이것이 이루어지지 않는다면, 내게든 그 누구에게든 내가 지금 조언하는 것에 귀 기울이지 않는 자들에 협조해 달라는 도움을 요청하지 마십시오. 왜냐하면 지금 이 조언은 나와 디온이 시라쿠사의 평화를 염두에 두고 이미 시도했었던 일이기 때문입니다."(『일곱째 편지』 325d~337d, 박종현 역 참조)

디오니소스 Ⅱ세와 같은 현실 정치 세계의 지도자들을 통하여 자신의 정치철학을 실현하고자 하였던 자신의 계획이 좌절되자, 플라톤이 그다음으로 선택한 방법은 자신의 정치적 이상을 실현시켜 줄 후학들을 양성하는 일이었다. 그래서 그는 피타고라스 공동체를 본 뜬 아카데미를 아테네 외곽에 설립하였다. 하지만 미래의 정치지도자를 양성하고자 하는 그의 새로운 프로젝트 역시 그리 성공적이지 못하였다. 왜냐하면 정치적 출세를 지향하던 당대의 아테네 청년들은 순수철학을 가르치는 플라톤의 아카데미보다 당장 써먹을 수 있는 수사학을 가르치던 이소크라테스(Isokrates)의 수사학 학교를 더 선호하였기 때문이다. 그럼에도 그의 프로젝트는 결코 완전히 실패하지는 않았다. 왜냐하면 그의 아카데미는 유스티니아누스 황제의 명에 의해 학교가 문을 닫기 전까지, 그러니까 기원후 529년까지 약 1,000년 넘게 동안 지속되었으며, 그의 학원에서는 수많은 철학자들과 정치지도자들이 배출되었기 때문이다.

2) 서양철학은 플라톤 철학의 각주인가?

플라톤의 『국가』는 모두 10권으로 이루어져 있다. 그런데 다른 작품과 달리, 제1권은 제1차 시칠리아 여행이 있었던 기원전 387년 이전에 집필되었다. 그리고 『국가』 제2권에서 10권까지는 그가 환갑을 맞이하기 이전의 시기, 그러니까 제2차 시칠리아 여행이 있었던 기원전 367년 이전에 작성되었다. 예로부터 지금까지, 플라톤의 전 작품 가운데에서도 『국가』가 철학에 대한 플라톤의 성숙한 생각을 가장 잘 반영하고 있으며, 아울러 그의 문학적 재능이 가장 잘 드러나 있는 작품이라는 데 이의를 제기하는 사람은 아무도 없다.

그런데 이런 『국가』가 등장하던 시기는 아테네가 스파르타와의 전쟁에서 패한 후에 다른 도시국가들과 연합해 스파르타에 대항하던 시기였다. 아마도 오늘날의 이스라엘과 팔레스타인의 문제처럼 기원전 5세기 그리스는 분쟁에 휩싸여 있었던 것이다. 하지만 중국 고대의 제자백가의 철학이 춘추전국 시대의 사회정치적 혼란에 대한 공자의 반성의 산물이듯이, 플라톤의 『국가』 역시 그리스 내전에 대한 한 지식인의 반성의 결과물이던 것이다.

무엇보다도 플라톤의 삶 자체를 바꾸었던 엄청난 사건은 소크라테스의 죽음이었다. 아테네의 모든 시민들을 상대로 논박의 여행을 벌였던 실천적 지식인의 죽음은 플라톤으로 하여금 "어떻게 살고 어떻게 죽을 것인가?"를 고민하게 만들었다. 이 사건을 계기로 플라톤은 세속적으로 출세하려던 자신의 모든 세속적인 야망을 접고 소크라테스적인 삶을 살기로 맹세한다. 소크라테스적인 삶과 죽음의 의미를 천착하던 플라톤은 그의 생애 절정기인 60세에 그동안 자신이 생각하고 구상하던 모든 철학적 아이디어들을 한편의 작품에 집약시켜놓는데, 그것이 바로 우리가 논의하고 있는 『국가』이다. 초기부터 줄곧 관심 있었던 윤리학적인 문제에서 출발하여, 『고르기아스』에서 결핍되었던 인식론적인 문제 및 존재론적인 문제를 한꺼번에 해결할 요량으로 그의 전

역량을 쏟아 부어 만든 것이 바로 『국가』인 것이다.

　어떻게 보면 『국가』는 플라톤의 철학이 도달할 수 있는 가장 높은 산봉우리이다. 하늘과 맞닿아 있는 인간 정신의 최고봉, 그것이 바로 『국가』의 철학인 것이다. "서양철학은 플라톤의 각주이다"라는 화이트헤드의 말이 암시하듯이, 서양철학은 『국가』를 포함한 플라톤의 모든 작품으로부터 자양분을 공급받는다. 아우구스티누스, 토마스 아퀴나스, 데카르트, 칸트, 헤겔 등 모든 서구의 철학자들은 플라톤의 심오한 철학에 기대어 자신의 철학을 전개하고 있는 것이다.

　그런데 산봉우리가 있으면 계곡도 있기 마련이다. 구성이 있으면 해체도 있다. 실제로 플라톤은 『국가』 뒤에 발표한 『파르메니데스』나 『테아이테토스』 등을 통하여 자신의 구성주의적 철학에 대한 철저한 존재론적·인식론적 비판을 감행한다. 그리고 오랜 시간 뒤에 또 하나의 거대한 구성주의적 철학을 전개하는데 그것이 바로 『법률』의 철학이다. 『국가』의 아이디어를 살리되, 그것을 좀 더 현실적인 방향에서 접근하고 있는 『법률』에서 우리는 플라톤 철학의 일관성과 연속성을 본다. 비록 미완성으로 끝나기는 했지만, 『법률』이 보여주는 문제의식과 현실 구제의 열망은 플라톤을 고대 세계 최고의 철학자로 자리매김하기에 충분하다.

　그런데 『법률』에 대한 다른 이해의 방식도 있다. 즉 『법률』은 『국가』의 아이디어가 실현 불가능하다는 것을 안 플라톤이 자신의 입장을 수정하였다는 입장이다. 한 때 플라톤의 중기 철학과 후기 철학이 동일하지 않다는 수정주의적 입장을 견지하는 철학자들에 의해서 많이 이야기된 이러한 입장은 플라톤의 중기 철학과 후기 철학을 연속성의 관점에서 통일적으로 이해하는 해석가들에 의해서 재조명된다.

사실 플라톤은 『국가』를 저술한 당시에도 자신이 제시하는 철학적 아이디어들이 현실적으로 수용되기 힘들다는 것을 잘 알고 있었다. 특히 '처자공유제' 등과 같은 것은 아테네 사회에서 수용되기 힘들다는 것을 잘 알고 있었다. 하지만 중요한 것은 그가 왜 상식적으로도 수용하기 힘든 처자공유제 같은 아이디어를 주장하고 있는가 하는 것이다. 내가 보기에, 플라톤이 이러한 주장을 펼치는 데에는 아테네 지도층이 지닌 권력 남용의 문제가 심각하게 도사리고 있다. 즉 아테네 권력층들은 자신들의 권력 기반을 공고히 하기 위해 실력에 상관없이 사람들을 학력이나 학벌 또는 연고지에 따라 뽑곤 하였는데, 플라톤이 보기에 이러한 짓은 아테네 사회를 근본적으로 붕괴시킬 수 있는 매우 위험한 행태였던 것이다. 아울러 시인에 대한 그의 비판 역시 이러한 맥락에서 이해해야 한다. 보통 플라톤에 대한 이해가 부족한 사람들은 "플라톤이 시인에 대해서 적대적이다" 또는 "플라톤은 이상 국가에서 시인을 추방한다"라는 의견을 개진하면서 플라톤을 예술을 거부하는 사람으로서 그리고 있다. 하지만 이 역시 잘못된 이해 방식이다. 왜냐하면 『국가』에 등장하는 '시인 추방론'은 당대 아테네 사회의 교육 프로그램 개선에 대한 플라톤의 생각을 간접적으로 표현한 것이기 때문이다. 잘 알려졌듯이, 아테네 사회에서 청소년들의 교육은 호메로스의 시를 가르치는 전통적인 교육 시스템이 주를 이루었다. 기원전 5세기를 전후로 수사학을 중심으로 아테네 청년들을 가르치는 소피스트들의 새로운 교육 시스템이 등장하기 시작했지만 호메로스의 작품에 근거한 전통적인 교육시스템은 여전히 막강한 영향력을 행사하고 있었다. 특히 호메로스의 작품에 나타난 비도덕적인 신들의 이야기는 여과장치 없이 그대로 청소년들에게 노출되었다. 이에 플라톤은 호메로스를 중시하는 기존의 교육시스템을 비판하면서 새로운 교육시스템을 도입할 목적으로 이상 국가에서 시인들의 추방을 주문하고 있는 것이다.

이처럼 『국가』에서 플라톤은 현실 세계에 대한 철저한 비판을 통하여 자신이 꿈꾸는 이상사회에 대한 청사진을 제시하고 있는데, 그의 이러한 접근방식은 후기의 『법률』을 집필할 때에도 동일하게 유지되고 잇는 것이다. 단지, 차이가 있다면 『법률』의 플라톤은 『국가』의 플라톤보다 이상 국가 건설에 수반되는 현실적인 제약조건들을 더 많이 고려하고 있다는 것이다.

『국가』가 등장하고 난 이후, 서양철학은 플라톤이 『국가』에서 전개한 철학을 의식하지 않을 수 없었다. "서양철학은 플라톤 철학에 대한 각주이다"라는 화이트헤드의 말을 빌리지 않더라도, 『국가』를 중심으로 한 플라톤 철학은 수많은 사람들에게 철학적 영감을 제시해주고 있다. 우리 역시 예외일 수 없다. 이제 플라톤이 왔다가 간 지 근 2,500년이 지났다. 그런데 사람이 정의로움을 추구하고, "어떻게 살고 어떻게 죽을 것인가?"를 문제 삼는 한, 플라톤의 철학은 그 빛을 잃지 않을 것이다. 왜냐하면 그의 철학 속에는 삶의 모든 문제들에 대한 '지혜의 싹'이 존재하기 때문이다.

2. 플라톤, 도대체 그가 말하고 싶었던 것은 무엇이었나?

1) 플라톤의 소크라테스는 역사적 소크라테스인가?

우리는 누구나 소크라테스라는 이름을 들어 알고 있다. 아마도 철학의 역사에서 그만큼 인기 있는 철학자도 없을 것이다. 그럼에도 그의 본래 모습이 어떠하였는지, 그리고 그가 진정으로 추구하였던 것은 무엇이었는지 정확히 알고 있는 사람은 그리 많지 않다. 왜냐하면 소크라테스는 다른 철학자들처럼 자신의 작품을 한 개도 남기지 않았으며, 우리에게 전해지는 소크라테스 역시 역사적 소크라테스의 진짜 모습이라기보다는 플라톤을 비롯한 그의 제자 및 동료들이 새롭게 구성해 낸 문학적인 인물이기 때문이다.

무엇보다도 우리가 가장 먼저 확인할 수 있는 것은 소크라테스 자신은 직접 글을 쓰지 않았다는 것이다. 그런데 공교롭게도 이러한 현상은 인류 역사상 가장 위대한 발자취를 남긴 문화권의 선각자들, 예를 들자면 공자나 싯달타와 같은 성현들의 공통된 특징이기도 하다. 이 사람들은 모두 자신의 철학서를 한 권도 남기지 않았던 것이다. 그래서 그 사람들과 연관해 우리에게 전해지는 모든 저작들은 그 사람들에게서 깊은 감명을 받은 제자들이나 주위 사람들에 의해서 기록되고 보존된 것들이다. 우리에게 전해지는 『논어』가 공자의 제자들이 편집하였던 것과 마찬가지로, 우리가 알고 있는 소크라테스의 이야기들 역시 플라톤이 지은 작품들 속에서 이야기되는 것들이다.

소크라테스를 주인공으로 하여 작품을 남긴 사람은 플라톤 혼자만이 아니었다. 일반인들에게는 그 이름이 생소한 안티스테네스나 아이스키네스, 파이돈이나 에우클레이데스, 아리스티포스나 크세노폰 같은 사람들은 플라톤과 동일하게 소크라테스를 주인공으로 한 작품들을 다수 남겼다. 그리고 이러한 집필 활동은 소크라테스가 서거한 시점인 기원전 399년을 기준으로 유행처럼 번져나갔으며 '소크라티코이 로고이(Socratikoi logoi)'라는 새로운 문학 장르가 형성된다. 그리스 문화사에서 매우 특이한 현상이라 할 수 있는 이러한 문학 장르의 형성은 플라톤에 이르러 절정에 달한다. 소크라테스의 죽음 이후 그의 삶의 본질을 규명하려는 철학적인 논의는 이처럼 문학의 옷을 입고 전개되었던 것이다.

그런데 소크라테스 한 사람을 놓고 여러 사람들이 글을 쓰다 보니 다양한 의견들이 개진되기 마련이다. 자연히 소크라테스의 정체성에 대한 논의는 복잡한 양상을 띨 수밖에 없었다. 우선적으로 글을 쓰는 작가들은 자신들이 소크라테스와 갖는 고유한 관계에 따라 소크라테스의 모습을 각기 다르게 묘사하였는데, 이것은 역사적 소크라테스에 대한 이해를 복잡하게 만드는 주된 요인으로 자리 잡았다. 더욱이 현존하는 작품들 중에는 소크라테스에 대한 묘사가 상이할 뿐만 아니라, 심지어는 모순되기까지 하는 언급들이 있는데 이것은 소크라테스에 대한 우리의 탐구를 더욱 어렵게 만든다.

이러한 난점은 플라톤에게도 그대로 적용된다. 비록 그가 소크라테스에 적대적이었던 희극작가 아리스토파네스나 소크라테스에 우호적이었으나 너무나 소박한 소크라테스를 그리고 있는 크세노폰과 달리 소크라테스의 모습을 비교적 정확히 그리고 있다고 할지라도,『소크라테스의 변론』을 제외한 그의 모든 작품들이 역사적 소크라테스의 실존적 모습에 자신의 상상력을 가미시켜 만든 문학적 창작물이라는 것을 거부할 수는 없다. C.H. 칸(1996) 교수의 언급대로, 그는 철학적인 교과서(philosophical textbooks)가 아니라 '철학적인 문학작품(philosophical literature)'을 썼던 것이다.7) 하지만 그렇다고 하여 이것이 곧바로 플라톤의 소크라테스가 허구라고 주장하는 데로 나아가지는 않는다. 왜냐하면 플

---

7) 이에 대해서는 다음 책의 제2장을 참고하라. C.H. Kahn. 1996. *Plato and Socratic dialogue: The philosophical use of a literary form.* New York: Cambridge University Press.

라톤은 육체의 눈이 아니라 마음의 눈으로 본 소크라테스의 모습을 그려내고 있기 때문이다.

2) 플라톤은 왜 대화편을 썼는가?

C.H. 칸(1996) 교수에 의하면, 총 26~27편으로 이루어진 플라톤의 대화편 중에서 특이한 작품은 초기의 『소크라테스의 변론』이다. 그것은 소크라테스를 주인공으로 하는 새로운 문학 장르인 소크라테스 대화록과 달리, '법정연설'이라고 불리는 그리스의 전통적인 글쓰기 방식에 의존하고 있기 때문이다. 즉 『소크라테스의 변론』은 당시 아테네에서 역사적으로 실존했던 소크라테스의 재판을 객관적으로 그리고 있는 플라톤의 역사적 기록물인 것이다.

『소크라테스의 변론』에는 소크라테스를 고발한 3인의 주역들인 아뉘토스(Anytos)와 멜레토스(Meletos) 그리고 뤼콘(Lycon)이 등장한다. 잘 알려졌듯이, 아뉘토스는 아테네 민주파를 이끌던 실질적인 리더이다. 피혁제조업으로 큰돈을 벌었으며 그 돈으로 민주파의 정치인이 되었다. 펠로폰네소스 전쟁 이후 아테네 정치계를 장악하였던 크리티아스의 30인 과두정권을 무너뜨리고 민주정을 회복시켰던 사람들 중의 한사람이기도 하다. 소크라테스가 처형되고 난 이후에는 뤼콘과 함께 아테네에서 추방되었다고 전해진다. 다음으로 멜레토스는 비극작가로서 아테네의 보수적인 시인들을 대표하여 소크라테스를 고발한 장본인이다. 소크라테스가 죽고 난 이후 아테네인들에 의해 처형을 당하는 비참한 최후를 맞이한다. 마지막으로 뤼콘은 변론가를 대표하여 소크라테스를 고발한 사람이다. 소피스트 중의 한 사람으로 알려져 있기도 하다. 이처럼 소크라테스를 고발한 3인의 주역들은 모두 당대 아테네의 기득권 세력을 대표하는 그런 인물들이었다.

『소크라테스의 변론』과 더불어 역사적 소크라테스에 관한 이야기를 담고 있는 작품으로는 『크리톤』과 『파이돈』이 있다. 하지만 이것들은 순수한 역사적 기록물이라기보다는 소크라테스를 주인공으로 한 플라톤의 철학적인 문학작품으로 보아야 한다. 만약 우리가 이런 작품들에서 순수한 역사적 소크라테스의 모습을 찾으려고 한다면, 아마도 그것은 어불성설일 것이다. 비록 그것들이 소크라테스의 죽음과 연관된 여러 사례들을 기반으로 하여 구성된 것이라 할지라도, 엄연히 그것은 순수한 역사적 기록물인 『소크라테스의 변론』과는 다른 성격의 작품인 것이다. 그러기에 우리는 『크리톤』의 '소크라테스의 탈옥거부' 장면이나 『파이돈』의 '소크라테스의 죽음' 장면은 역사적 소크라테스의 실제적인 모습이라기보다는 그런 일화에 근거하여 플라톤이 재구성한 철학적 문학작품으로 이해해야 할 것이다.

말이 나온 김에 재미있는 상상을 하나 해 보도록 하자. 소크라테스가 죽기 전날 플라톤은 왜 소크라테스의 임종을 지키지 못하였다. 왜 그랬을까? 소크라테스가 죽기 전날 밤 많은 사람들이 그를 방문하여 위로하였다. 『파이돈』에 의하면, 그날 감옥에 갔었던 사람으로는 아폴로도로스(Apollodorus), 크리토불로스(Critobulus)와 그의 아버지, 헤르모게네스(Hermogenes)와 에피게네스(Epigenes), 아이스키네스(Aeschines)와 안티스테네스(Antisthenes), 크테십포스(Ctesippus)와 메넥세노스(Menexenus), 심미아스(Simmias)와 케베스(Cebes), 파이돈데스(Phaedonides)와 에우클레이데스(Eucleides), 그리고 테르프시온(Terpsion)과 소크라테스의 부인 크산티페(Xanthippe: 소크라테스의 늦둥이를 안은 채 소크라테스의 임종을 지킨다. 보통은 악처로 알려져 있으나 플라톤 대화편 어디에서도 그녀가 악처라는 기록은 존재하지 않는다. 특히 그녀가 늦둥이를 안고 있는 것을 볼 때, 소크라테스와 크산티페의 금슬은 상당히 좋았을 것으로 추측된다. 아들로는 람프로클레스, 소프로니스코스, 메넥세노스가 있었다고 전해진다)가 있다. 하지만 그 이름 어느 곳에도 플라톤의 이름은 빠져 있다. 그러면서 플라톤은 자신이 쓴 이 작품에서 자신을 가리켜 "병이 났다"라고 기술하고 있다. 왜 그랬을까? 그리고 그는 정말로 병이 났을까? 이것은 상식적인 차원에서 이해가 가지 않는 대목이다. 왜냐하면 평소 그레코로만형 레슬링으로 몸이 단련된 천하장사 플라톤이 감기가 걸려 자신이 그토록 믿고 따랐던 스승 소크라테스의 임종에도 참석하지 못하였을까? 아니면 다른 이유가 있었을까?

이 대목에서 내가 생각하는 하나의 가설은 소크라테스의 재판을 두고 벌어진 아테네의 반(反)소크라테스적 분위기에 상당한 부담감을 느낀 플라톤이 '병을 핑계로' 의도적으로 소크라테스의 임종에 참석하지 않았을 가능성이 크다는 것이다. 예나 지금이나 부담 있는 자리에 안 갈 요량이면, "몸이 안 좋아 가기 힘들다" 하고 하지 않는가? 물론 플라톤을 신성시(?)하는 고집불통의 플라톤주의자들에게는 이러한 가설이 신성모독의 일로 비칠 수 있지만 말이다. 하지만 그 당시의 정국을 생각해보면 이러한 생각이 그리 불가능한 것도 아니다.

당시 아테네의 정국은 민주정에 반하는 인사를 추방하거나 사형에 처하려고 하는 분위기가 지배적이었다. 특히 민주정에 반하는 행보를 보였던 소크라테스도 예외일 수 없었으며 그의 재판과 죽음은 당대 아테네의 이런 정국 상황을 정확히 반영하고 있다. 이미 반민주적 행보로 인해 아테네 시민들의 심판을 받았던 알키비아데스와 크리티아스(알키비아데스는 아테네 사령관이었음에도 펠로폰네소스 전쟁 중 적국 스파르타에 투항하였으며, 30인 과두정권의 핵심 인물이었던 크리티아스는 민주정에 반하는 정치적인 일들을 하였다) 모두 공교롭게도 소크라테스와 절친한 사람들이지 않았던가? 상황이 이러하다 보니, 소크라테스의 제자이자 크리티아스의 조카였던 플라톤도 아테네 시민들의 의심으로부터 자유로울 수는 없었다.

아테네 시민들의 정치적 감시망 속에서 플라톤이 할 수 있는 일은 그리 많지 않았을 것이다. 오히려 그는 '소크라테스와의 단절' 또는 '소크라테스와 함께 죽음'이라는 양자택일적 구도하에서 어느 하나도 선택하지 못한 채 망설이고 있었을 것이다. 몸이 아파 소크라테스의 임종을 지키지 못하였다는 『파이돈』의 고백이 바로 그의 이러한 인간적인 한계를 보여주고 있는 것이다.

플라톤이 병을 핑계로 스승 소크라테스의 임종을 지키지 못하였다는 것은 분명해 보인다. 하지만 플라톤의 철학은 바로 그의 이러한 인간적인 배신을 반성하는 데에서 출발한다. 마치 예수를 배신한 베드로가 초기 기독교 역사에서 가장 열렬한 예수의 전도자가 되었듯이, 플라톤은 평생 소크라테스의 삶과 죽음을 변호하고 옹호하였다. 실로 플라톤의 대화편은 스승 소크라테스에게 바치는 고백록인 것이다.

소크라테스의 죽음 이후, 플라톤은 거의 전 생애에 걸쳐 총 26~27개의 대화편을 완성한다. 『법률』과 같은 그의 마지막 작품을 제외하고 그의 모든 작품에서 주인공은 소크라테스이다. 학자들에 따라 다소의 차이는 있지만, 플라톤의 대화편들은 대체적으로 초기 대화편, 중기 대화편 그리고 후기 대화편으로 나누어진다.

먼저 초기 대화편에 속하는 작품들로는 『소크라테스의 변론』, 『크리톤』, 『라케스』, 『리시스』, 『카르미데스』, 『에우티프론』, 『소히피아스』, 『대히피아스』, 『프로타고라스』, 『고르기아스』, 『이온』, 그리고 『국가』(제1권)이 있다.

　　『소크라테스의 변론』: 소크라테스의 법정 변론을 다룬 것으로
　　소크라테스를 주인공으로 하는 다른 대화편들과는 차별화된다.
　　『크리톤』: 법률의 의미를 탐구하는 대화편으로 소크라테스가

악법도 법이라고 말했다는 대화편으로 알려져 있으나 사실은 그렇지가 않다. 대화편 어느 곳에서도 그러한 증거는 발견되지 않기 때문이다.

『라케스』: 용기란 무엇인가를 탐구하는 대화편이다.

『리시스』: 우정이란 무엇인가를 탐구하는 대화편이다.

『카르미데스』: 절제나 건전한 마음의 상태란 무엇인가를 탐구하는 대화편이다.

『에우티프론』: 경건함이란 무엇인가를 탐구하는 대화편이다.

『프로타고라스』: 덕의 교육 가능성을 탐구하는 대화편이다.

『고르기아스』: 수사학의 본질을 탐구하는 대화편으로 『국가』이전에 가장 주목해야 할 대화편이다. 『국가』에서 체계화되는 '철인 왕(哲人王)'의 이념을 거칠게 제시하고 있다.

『이온』: 시인의 본질이란 무엇인가를 탐구하는 대화편이다.

『소 히피아스』: 기만이란 무엇인가를 탐구하는 대화편이다.

『대 히피아스』: 미란 무엇인가를 탐구하는 대화편이다.

『국가』(제1권): 올바름이란 무엇인가를 다룬 대화편이다.

중기 대화편에 속하는 작품들로는 『메논』, 『파이돈』, 『국가』(제2권~제10권), 『잔치』, 『파이드로스』, 『에우티데모스』, 『메넥세노스』『크라튈로스』, 그리고 『파르메니데스』 등이 있다.

『메논』: 앎의 문제를 상기라는 개념을 중심으로 설명하는 대화편이다.

『파이돈』: 영혼의 문제를 다루고 있는 대화편이다.

『국가』: 국가의 정체를 다룬 대화편이다.

『잔치』: 사랑의 문제를 다루고 있는 대화편이다.

『파이드로스』: 수사학과 사랑의 의미를 탐구하는 대화편이다. 영혼삼분설에 대한 언급도 있다.

『에우티데모스』: 논쟁술의 의미를 탐구하는 대화편이다. 희극적인 면이 강한 것이 특징이다.

『메넥세노스』: 전사자를 칭송하고 유족을 격려하기 위한 소크라테스의 긴 추도연설이 있는 대화편이다. 아테네 제국주의에 대한 플라톤의 강렬한 비판의식이 담겨 있다.

『크라튈로스』: 언어의 문제를 다루고 있는 대화편이다. 인식의 문제를 비판적으로 접근하고 있는 대화편이다.

『소피스트』: 소피스트의 본질을 탐구하는 대화편이다.

『티마이오스』: 세계제작의 원리와 제작자인 데미우르고스에 대한 이야기가 있는 대화편이다.

『크리티아스』: 유명한 아틀란티스 섬에 대한 이야기를 주된 내용으로 하고 있는 대화편이다.

『정치가』: 참된 통치자의 본질을 탐구하는 대화편이다.

『필레보스』: 즐거움 또는 쾌락이란 무엇인가를 탐구하는 대화편이다.

『법률』:『국가』의 이상 국가를 현실 세계에서 실현시켜 나갈 것을 탐구하는 대화편이다. 대화편 가운데에서 가장 긴 작품으로 알려졌다. 하지만 미완성이다.『국가』,『정치가』와 더불어 정치 철학의 대표적인 작품으로도 알려졌다.

플라톤의 대화편은 각각 고유한 독립성을 유지하면서도 전체적인 통일성을 형성한다. 일반적으로 알려진 바로는 초기의 대화편은 역사적 소크라테스에 대한 기록으로 간주된다. 아무래도 소크라테스에 대한 사실과 같은 묘사가 주를 이루기 때문이다. 하지만 내가 보기에 이것은 잘못된 생각이다. 사실 누가 뭐래도 플라톤은 당대 최고의 문학적 재능을 지닌 작가 중의 한 사람이다. 비록 그는 소크라테스를 만난 후로 자신의 문학작품을 모두 불

살라 버렸지만, 자신의 글쓰기 능력마저 내다 버린 것은 아니었다. 그리고 그는 이미 자신보다 앞서 소크라테스를 따랐던 수많은 제자들, 특히 그중에서도 가장 연장자였던 안티스테네스 같은 사람에게 스승 소크라테스에 대한 서사(敍事)의 독점권을 이양(移讓)하고 싶지는 않았을 것이다. 오히려 그는 자신의 관점에서 소크라테스의 삶과 죽음을 기록하고 싶었을 것이다.

물론 『소크라테스의 변론』은 당대 유행하던 법정변론의 형식에 따라 역사적 소크라테스를 복원하는 데 집중하고 있지만, 그 외 그의 모든 작품들은 그가 새롭게 그려낸 소크라테스의 모습이다. 그러기에 우리는 플라톤의 초기 대화편들을 역사적 소크라테스에 대한 플라톤의 단순한 과거회상 작업으로 폄하하는 것은 천재적인 그의 재능을 초보적 단계로 이해하는 것과 동일하다.

사실 과거에 소크라테스가 무슨 말을 하였는가 하는 것은 철학적으로 그리 중요한 것은 아니다. 그것은 역사가들이 해야 할 일일 것이다. 중요한 것은 플라톤이 하나의 대화편에서 다음의 대화편으로, 그리하여 궁극적으로는 완성도 높은 최고의 대화편으로 옮아갈 때 그가 진정으로 말하고자 하였던 것이 과연 무엇이었는가 하는 것이다. 이것이 우리가 권하는 플라톤 대화편 읽기의 한 방식이다.

이런 점에서 플라톤이 불혹(不惑)에 썼다고 알려진 『고르기아스』는 아주 중요한 작품이다. 작가로서의 그의 위상이 강화되고 본격적인 철학자로서의 플라톤의 색깔을 정립시킨 작품이기 때문이다. 사실『고르기아스』이전의 그의 작품들 대부분은 모두 단편들이었으며 예술적 기예 또한 초보적인 수준이었다. 예를 들어,『이온』과『소 히피아스』그리고『크리톤』등은 스테파누스 페이지로 얼마 되지 않은 분량으로 되어 있다.

하지만『고르기아스』에서부터 플라톤은 독립된 작가로서의 역량을 유감없이 발휘하여 대작을 완성한다. 이런 작업의 결정판은『국가』이고, 그『국가』와 쌍벽을 이루는 작품이 유작(遺作)『법률』이다. 이처럼『고르기아스』,『국가』,『법률』은 유기적으로 연결되어 있다.

내가 생각하기에, 플라톤은 초기 대화편이나 중기 대화편들을 집필할 때 이미『국가』의 사상을 어느 정도 마련해 놓았던 것 같다. 역사적으로 볼 때, 소크라테스 사후 12년 동안 약 5~6개 정도의 작품을 완성하였던 플라톤은 제1차 시칠리아 여행에서 돌아오고 난 이후 약 6년(기원전 386~380년) 사이에 무려 7개의 대화편을 완성한다. 이것은 매우 특이한 현상이기도 한데, 왜냐하면 이것은 그의 창작 활동이 어떤 구체적인 목표 의식하에서 의도적으로 진행되었다는 것을 시사하기 때문이다. 그리고 여기에서 플라톤은 공통적으로 훌륭함과 지혜의 문제, 그리고 교육의 문제 등을 집중적으로 다루고 있는데, 이것은 아카데미에 입문한 정치지망생들에게 고급지식을 제공하고 그들의 인격을 함양하기 위한 그의 교육 목표와 정확히 일치하고 있다.8)

---

8) 이에 대해서는 다음 책의 제2장을 참고하라. C.H. Kahn. 1996. *Plato and Socratic*

그런데 우리의 이러한 이해는 '수정론자(revisionist)'들의 생각을 거부하는 것이다. 이때 수정론이라 함은 플라톤이 후기 대화편을 집필하면서 초기 및 중기 대화편에 나타난 자신의 생각을 완전히 부정하고 있다는 것이다. 정확하게 말해서, 중기 대화편에 나타난 '이데아 이론'을 수정한다는 것이다. 그런데 이러한 이해는 많은 문제점을 안고 있다. 왜냐하면 플라톤은 후기에서도 계속해서 이데아 이론을 지지하고 있기 때문이다. 물론 수정론자들은 이데아 이론에 대한 비판적인 논의가 주를 이루는 『파르메니데스』와 경험적 인식의 가능성을 집중적으로 탐구하는 『테아이테토스』에 입각해 플라톤이 중기의 이데아 사상을 버렸다고 하는데, 이는 논의를 한 쪽 면을 확대해석한 데에서 오는 오류인 것이다. 그러기에 우리는 플라톤 철학에 대한 온전한 이해를 하기 위해서는 수정론보다는 일관론에 근거해 초·중기 대화편 및 후기 대화편을 통일적·연속적으로 이해해야 할 것이다.

■ 글쓰기와 토론을 위한 읽기 자료

다음 2개의 글은 소크라테스에 대한 글이다. (가)는 희극작가 아리스토파네스의 『구름』에 나타난 소크라테스를 분석한 글의 일부이고 (나) 플라톤의 『소크라테스의 변론』에 나타난 소크라

---

dialogue: The philosophical use of a literary form. New York: Cambridge University Press.

테스를 분석한 글의 일부이다.[9] (가)에서 글쓴이는 소크라테스를 적극적으로 풍자하는 아리스토파네스의『구름』이 사실은 아테네 공동체의 소통의 문제를 강화시키고 있다는 논지를 펼치고 있다. 이에 반해 (나)에서 글쓴이는 플라톤이 소크라테스를 두고 제기된 모든 의혹을 해소시키면서 역사적 소크라테스의 진면목을 드러내고자 하는 플라톤『소크라테스의 변론』의 정신을 옹호하고 있다. 즉 (가)는 역사적 소크라테스에 대한 논의보다 소크라테스에 대한 비판을 통한 공동체의 소통의 중요성을 지적하고 있는 데 반해서, (나) 소통의 효과보다는 역사적 소크라테스에 대한 사실적 판단의 중요성을 강조하고 있는 것이다. 과연 오늘 우리에게 있어 소크라테스에 대한 논의는 어떤 의미를 지니는가? 두 입장 중 한 입장을 선택하고 그 입장에 근거해 다른 입장을 비판적으로 음미하라.

(가)

아리스토파네스의 11개의 작품들은 모두 고도의 지적인 풍자들로 이루어져 있다. 그 가운데에서도 423년 그의 나이 21세 때 지은『구름』이 가장 돋보인다. 이 작품이야말로 아리스토파네스의 사상을 가장 잘 대변하고 있기 때문이다. 이미 아리

_____

9) (가)는 김은중, 박규철 외의『커뮤니케이션의 시원』(2009)에 수록된 본인의 논문 "아리스토파네스의 풍자 희극『구름』에 나타난 '웃음'의 미학과 소통의 변증법"에서 인용한 글이다. 그리고 (나)는 본인의『소크라테스와 소피스트』(2009) 제2장에 수록된 글의 일부이다. 가독성을 높이기 위하여 각주는 모두 생략하고 싶는다.

스토파네스는 『구름』에서 "이 희극이야말로 나의 희극들 중 가장 지혜로운 작품"(522)이라고 고백하고 있다. 그리고 그는 이 작품이 자신에게 "가장 많은 노고를 안겨주었던 희극"(523) 작품으로 규정하고 있다. 이처럼 『구름』은 우리가 아리스토파네스의 소통의 문제를 이야기할 때 가장 우선적으로 분석해야 할 텍스트이다.

이 작품은 423년 도시 디오뉘소스 축제 때 출품되었다. 하지만 일등은 하지 못하고 맨 꼴찌를 차지하였다. 관중들의 심기를 불편하게 한 것이 이 작품이 입선하지 못한 주된 원인이었다. 이 작품에서 아리스토파네스는 새롭지만 허황되기만 한 생각과 철학자들을 함축적으로 무대 위에 펼쳐 보였다. 그는 철학자들을 구름의 형상을 한 합창대로 등장시킨다. 섬김을 받는 지식인들, 이 새로운 신들이 사실 '안개'와 '구름'일 뿐이라는 나름의 해석을 붙이고 있는 것이다.

『구름』의 시대적 배경은 흥미롭다. 기원전 429년 클레온(Kleon: ?~422)의 극단적 민주정치가 출현하고 이는 곧바로 중우정치 (mobocracy)로 이어진다. 하지만 아리스토파네스의 눈에는 우매한 대중들을 선동하는 데마고그(demagogue)들의 모습이 소피스트들의 궤변처럼 보였다. 『구름』이 제작된 시기인 423년은 클레온이 죽기 1년 전의 시기와 맞아떨어지는데, 이때는 클레온과 그를 따르는 아테네 시민들에 대한 아리스토파네스의 비판의식이 강화되던 시기이기도 하였다. 특히, 아리스토파네스가 우려하였던 것은 클레온을 비롯한 선동정치가들의 농간에 놀아난 시민들이 펠로폰네소스 전쟁 자체의 정당성에 대해서는 의문을 제기하지 않은 채, 다만 그 전쟁에서 이기는 것만을 목표로 하고 있었는데, 이것이 바로 그로 하여금 클레온과 아테네 시민들을 비판하게 한 주된 배경이었다.

『구름』에서 아리스토파네스의 조롱과 비난의 대상이 되는 인물은 소크라테스이다. 잘 알려졌듯이, 그가 당대 최고의 논객이고 또한 대중적으로 가장 인기 있었던 사람 중의 한 사람이었다는 것은 분명한 사실이다. 그런 그에게 아리스토파네스는 사색소의 수장 자리를 맡기는 것이다. 『구름』에서 등장인물 소크라테스는 수사학과 천문학을 가르친다. 하지만 플라톤의 『소크라테스의 변론』에도 나와 있듯이, 역사적 소크라테스는 아테네 청년들에게 탈도덕적인 수사학을 가르치지 않았다. 플라톤이 그의 대화편을 통하여 강조하였듯이, 그의 주된 관심사는 아테네 시민들의 '영혼'을 고양시키는 것이었다. 『구름』에서 등장인물 소크라테스가 무신론자로 그려지고 있음에도 불구하고, 역사적 소크라테스는 전통적인 종교를 수호하는 경건한 사람이었음은 분명하다.

그런데 『구름』이 처음 무대에 알려졌던 423의 아테네에서는 소피스트와 소크라테스의 구별이 그리 명확하지 않았다. 그러한 차별화는 플라톤이 그의 스승 소크라테스를 주인공으로 하는 철학적 대화를 집필하고 나서야 가능해진다. 일반적인 아테네 시민들에게 『구름』에 등장하는 소크라테스는 다른 소피스트들과 별다른 차이가 없는 인물로 이해되었다. 비록 소크라테스는 학생들로부터 수업료를 받는 일반 소피스트들과 달리 학생들로부터는 어떠한 수업료도 받지 않았음에도 불구하고, 일반인들은 그를 소피스트들과 구별해서 보려고 하지 않았다. 아니 오히려 그를 일반적인 소피스트들보다 더욱더 위험한 인물로 인식하였는데, 그 이유는 그의 제자들 중에는 민주정체에 반대하는 정치인들이 상당수 포진하고 있었기 때문이었다.

아테네 공동체에 대한 소크라테스의 무차별적인 비판도 그에 대한 아테네 시민들의 불만을 가중시켰다. 비록 그가 아테네 사회에서 최고로 인기 있었던 논객이었음에도 불구하고, 그에 대한 아테네 시민들의 온전한 이해는 결여되어 있었다. 무엇보다도 문제가 되었던 것은 아테네 시민들의 삶의 방식을 문제시하는 그의 태도였다. 특히 물질보다는 영혼을, 그리고 세속적인 것들보다는 초월적인 것을 지향하라는 그의 요구는 물질적인 것과 세속적인 것에 집착하던 아테네 시민들에게는 큰

부담으로 작용하였다. 하지만 다수결의 힘의 논리가 지배하는 민주정체하에서 으레 그러하듯이, 아테네 사회의 여론은 다수의 아테네 시민들이 주도하였다. 당연히 소크라테스의 의견은 그 논리성에도 불구하고 항상 아테네 시민들의 웃음거리가 되었다. 희극 작가 아리스토파네스 역시 이것을 잘 알고 있었다. 아리스토파네스가 철학자 소크라테스의 참된 본질을 인식하고 있었는지, 아니면 그렇지 않았는지에 대한 논의는 이 글의 범위를 벗어나는 것이다. 중요한 것은 천재적인 작가인 아리스토파네스가 이 유명하고도 독특한 지식인을 희극 작품의 주인공으로 설정하지 않은 채 그냥 놓아두었을 리는 만무하다는 사실이다. 비록 일반인들이 작가의 의도를 충분히 파악하지 못하고 이 작품에 대한 심사위원들의 평가가 그리 우호적이지 못함에도 불구하고, 그는 이 작품이 자신의 대표작임을 언급하는 데 주저하지 않았다.

이 작품을 놓고 다양한 접근들이 있었을 수 있다. 소크라테스의 사상을 비판적으로 보려는 사람들에게는 이 텍스트가 좋은 일차 자료를 제공해주었고, 소크라테스의 사상을 긍정적으로 보려는 사람들에게는 이 텍스트가 문제가 많은 작품으로 보였다. 하지만 우리의 연구는 역사적 소크라테스의 진실성을 규명하려는 철학사적 작업은 아니다. 그러한 것은 우리 연구의 범위를 벗어나는 일일뿐더러, 많은 시간을 필요로 하는 작업이다. 다만 우리가 주목하는 것은 아리스토파네스의 이 작품이 '웃음'을 매개로 하여 당대 지식인 사회에 대한 다양한 비판을 수행하고 있다는 것과 그 비판이 아테네 공동체의 의사소통을 강화하고 있다는 사실이다. 그러기에 이 작품에서 보이는 정론과 사론의 논리 싸움은 당시 아테네의 구세력과 신세력 간의 갈등, 즉 기성세대와 신진세대, 구식교육과 신식교육, 반(反)계몽주의적 운동과 계몽주의적 운동 간의 제반 갈등을 상징한다. 구름의 여신들의 언급은 그 두 세력 간의 갈등을 중재하려는 작가 자신의 염원을 담고 있다. 그러기에 이 작품은 철학자 소크라테스에 대한 아리스토파네스의 본격적인 비판을 함축하는 것이 아니라, 지식인 소크라테스에 대한 풍자를 통하여 아테네 공동체 구성원들 간의 소통의 문제를 천착하고 있는 것이다.

(나)

소크라테스는 이성의 필연적 법칙에 따라 세계를 이해하는 철저한 '이성중심주의자'임과 동시에 신적인 명령과 섭리에 근거해 말하고 행동하는 경건한 '종교주의자'이다. 즉 그는 분명 이성적이면서도 신에 대한 경건함을 잃지 않는 양극성의 인물인 것이다. 먼저 이성주의자로서 소크라테스는 필연적인 이성의 법칙에 따라 말하고 행동한다. 그는 철학이 이성에 근거한 지혜의 추구라고 생각하였다. 하지만 그는 철학에 의지해 지혜를 추구하였으나 지혜를 소유할 수는 없었다. 오히려, 그는 인간이 지혜 자체를 소유할 수 있는 가능성 자체에 의구심을 가지고 있었다. 그는 지혜 자체에 대한 획득 가능성은 오직 신의 고유한 권한이라고 결론짓는다. 그 결과, 그는 자신이 다른 사람을 가르칠 수 있는 지혜나 기술을 소유하고 있다고 주장하지 않는다. 그는 겸손하게 자신이 가지고 있는 지혜의 전부는 오직 그 자신이 무지하다는 것에 대한 앎일 뿐이라고 주장한다. 그래서 그는 소피스트처럼 남에게 지혜를 파는 사람으로 자신을 자리매김하고 있는 것이 아니라 끊임없이 지혜를 구하는 겸손한 사람으로 자신을 규정하고 있다. 그의 이러한 자세는 지혜가 있다고 뽐내는 사람들을 음미하는 데에도 동일하게 적용된다. 그는 항상 변증법적 대화를 통하여 타자의 지혜가 과연 완전하고 순수한 것인가를 심문한다. 그런데 그가 확인하는 것은 그들이 지닌 것은 결코 참다운 지혜가 아니며 그들은 자기보다 더 무지하다는 사실뿐이었다. 이처럼 『소크라테스의 변론』에 나타난 소크라테스는 인간이 완전한 지식을 소유할 수 있다는 것을 강하게 주장하지 않는 이성주의자의 면모를

보인다. 즉, 그는 인간이성의 유한성을 자각하는 온건한 이성
주의자이다. 그런데 이러한 그의 입장은 당대의 보수주의자들
에게는 전통적인 진리에 회의적인 자세를 취하는 해체주의자
내지는 불가지론자로 오해되고 있다. 하지만 그는 자신을 진리
와 지혜를 주관화하고 그것을 권력화하는 소피스트들과 날카
롭게 차별화하고 있으며 그 자신이 그 누구보다도 실천적으로
지혜로우며 도덕적으로 탁월하다는 것을 거부하지 않는다. 그리
고 그것을 지식과 기술로 구체화하는 노력을 게을리하지 않는
다. 그럼 절대 진리에 대한 소크라테스의 열정은 어디에서부터
오는가. 플라톤은 그것을 소크라테스의 종교성에서 찾고 있다.
『변명』에 나타난 소크라테스는 경건한 종교주의자이다(『소크
라테스의 변론』 26b~28b). 그는 델포이 신탁의 계시, 즉 아테
네에서 가장 지혜로운 사람은 소크라테스라는 계시를 굳게 믿
었으며, 당대의 지식인 집단을 상대로 한 그의 논박 여행에서
이 계시의 진실성을 확인하였다. "하지만, 내가 믿고 있듯이,
신에 의해서 신탁의 선언과 꿈을 통해 그리고 또 '신적인 힘'
이 인간에게 무슨 일을 하라고 명령할 때에 사용하는 그러한
모든 방법을 통하여, 나로 하여금 이것을 하게끔 명령하신 것
입니다."(『소크라테스의 변론』 33c5-9) 이러한 종교적 경건함
으로 인하여 그는 도덕적 '판단중지'나 이론적 회의주의와 같
은 탈(脫)도덕적인 담론과 일정한 거리를 유지하는 절대적 항
체를 지니게 된 것이다. 신실한 종교가로서 그는 신적인 존재
가 절대적으로 존재하고 있다는 것과 신적인 지혜는 인간적인
지혜를 뛰어넘는 완전한 것이라는 생각을 가지고 있었다. 이것
에 기반 하여 그는 인간의 도덕적 문제를 바라보고 평가하였다.
그는 자신의 행동이 정당하다는 것을 믿고 있었으며, 그 결과
외부의 어떠한 변화에도 흔들리지 않는 마음을 가질 수 있게
되었다. 그래서 인간이 죽는다는 사실로부터 파생되는 어떠한
두려움도 가지지 않게 되었다. 그의 이러한 확신은 델포이 신
탁으로부터 온다. 이런 점에서 그는 깊은 신앙심을 소유한 종

교인이다. 그를 고발한 사람들보다 신적인 존재에 대한 경건함은 더 깊고 더 넓다(『소크라테스의 변론』 35d). 플라톤은 『크리톤』 44a와 『파이돈』 60e~61b에서도 동일한 언급을 하고 있다. 그런데 이것은 플라톤이 소크라테스가 지닌 경건함을 강조하기 위해서 의도적으로 기획한 것이다. 무엇보다도 플라톤은 소크라테스가 '아세베이아(asebeia)', 즉 '신에 대한 불경함'이라는 죄목에 해당되지 않는 종교적인 인물이라는 것을 변호하고 싶었기 때문이다.

하지만 소크라테스의 이러한 모습은 많은 현대인들에게는 낯설게 비칠 수도 있다. 그리고 철학적 논의에서 종교적 신념을 언급하는 것은 많은 오해의 소지를 불러일으킬 수도 있다. 특히 소크라테스가 강조하는 다이몬에 의한 신적 계시라는 언급은 '신앙과 이성'이라는 중세의 복잡한 형이상학적인 논의를 연상시킬 수도 있다. 그렇지만 중세의 대표적인 형이상학자인 아우구스티누스나 토마스 아퀴나스에게 있어 신앙과 이성이라는 것이 극단적으로 대립하는 것이 아니라 상호보완적인 관계를 형성하고 있듯이, 소크라테스에게 있어서도 이성적인 것과 종교적인 것이라는 이 두 가지 요소는 절대적으로 대립하는 것이 아니라 상보적인 맥락에서 균형을 이루고 있는 것이다. 그러므로 소크라테스의 양극성은 제거되어야 할 장애물이 아니라 천착 되어야 할 과제인 것이다.

(...)

인간적인 지혜를 추구하는 소크라테스는 자신의 논박법에 철저한 사람이다. 논박가로서 그는 절대적 규범성이 존재한다는 확신에 근거해 타자의 삶과 생각을 음미한다. 그런데 그의 논박작업은 항상 타자의 거짓된 자아를 논파하고 논박당하는 사람의 존재기반 자체를 뒤흔들어 놓기 때문에 부정적인 측면을 띤다. 하지만, 논박 당하는 사람은 자신의 존재의미를 반성하는 고귀한 경험을 하게 된다. 왜냐하면 "음미 되지 않은 삶은 살 가치가 없는 삶이기 때문이다."(『소크라테스의 변론』 38a5)

특히 그는 자신의 논박법으로 비도덕적인 명제나 테제를 논박하기보다는 그것을 주장하는 사람들을 적극적으로 논파하고자 한다. 즉 그가 흔하게 사용하는 방법은 '대인논증(ad hominem)'인 것이다. 대인논증 대신 소크라테스가 타자의 '명제'와 '테제'를 본격적으로 문제 삼는 모습은 『라케스』와 『프로타고라스』와 같은 플라톤적인 소크라테스에게서 본격적으로 등장한다. 『변명』에서는 드러나지 않는다. 『고르기아스』에서는 이 두 가지 요소가 적절히 혼합되어 있다. 『변명』의 부정적인 논조를 상당히 벗어나고 있는 『고르기아스』에서도 긍정적인 이론 제시나 예리한 논증은 있으나 중기 이후에서 보이는 엄격하고도 체계적인 정당화는 약한 것이 사실이다. 소크라테스적인 논박법의 부정적인 측면은 '가설의 방법'을 언급하는 『메논』이나 『국가』 이후로 가게 되면 상당히 세련된 모습을 띠게 된다. 플라톤은 소크라테스의 논박법을 새롭게 정화하고 있는 것이다.

소크라테스에서 플라톤으로 넘어오는 중간지대, 즉 논박의 부정성과 변증법의 긍정성 사이에는 중기 이전의 '아포리아 대화'로 알려진 플라톤의 작품 7개가 있다. 그것은 구체적으로 『라케스』, 『카르미데스』, 『리시스』, 『에우티프론』, 『프로타고라스』, 『에우티데모스』 그리고 『메논』이다. 여기에서 플라톤은 한편으로는 소크라테스의 논박이 지니는 부정성을 아포리아라는 형식으로 유지하고, 또 다른 한편으로는 소크라테스의 도덕적 단초를 자신의 긍정적인 도덕적인 테제로 드러냄으로써 이행기의 긴장성을 잘 보존하고 있다. '아포리아(aporia)'라는 표면상의 부정적 결론과 그 이면에 깊이 은폐되어 있는 긍정적인 덕론이 공존하는 것, 이것이 플라톤이 개발한 새로운 철학적 작업인 것이다. 특히 『메논』에서 플라톤은 이전과는 완전히 다른 새로운 스타일의 소크라테스를 등장시키고 있다. 이것은 플라톤이 마음의 눈을 가지고 읽어 낸 소크라테스의 모습인 것이다. 잘 알려졌듯이 여기에서 소크라테스는 선천적 인식의 가능성을 입증하기 위해서 기하학에 완전히 문외한인 노예소년과의 대화를 통하여 '피타고라스의 정리'와 연관된 '선천적 지식'을 유도해 낸다(『메논』 84b). 아포리아는 아포리아로 끝나지 않고 새로운 지식의 가능성을 보여준다는 것, 이것이 바로 플라톤이 기획하고 있는 새로운 소크라테스 철학인 것이다.

이것은 플라톤이 성취한 진정한 철학적인 계몽이다. 소크라테스가 그의 논박으로 진정한 지식획득의 길은 열었으나 그 길을 완성시키지는 못했다. 그러나 플라톤은 소크라테스의 논박법을 새롭게 창조한 '변증법(dialektikē)'을 통하여 지식획득과 지식교수의 구체적 현실화 가능성을 보여준다. 아울러 그는 새로운 방법론으로 존재와 영혼의 본질을 통찰하고 그것을 이성으로 논증한다. 그의 이러한 재구성 작업은 『국가』에서 집대성된다(511b~539d). 그러므로 철학에 있어 진정한 의미의 최초의 계몽주의는 소피스트가 여는 것이 아니라 플라톤이 여는 것이다.

소크라테스는 무엇보다도 인간영혼의 '덕'을 잘 보살피고 보존해야 한다고 역설한다. 그래서 그는 실천적인 지혜인 '프로네시스'(phronēsis)를 강조한다. 그런데 덕에 관한 이러한 개념은 필연적으로 주지주의적 경향을 띠게 마련이다. 하지만 그의 이러한 주지주의는 덕과 지식 사이의 필연적 연관성은 인정되나 그 두 요소가 직접적으로 동일시된다는 뜻은 아니다. 단적으로 말해서 도덕적 지식이 덕의 필요조건인 동시에 충분조건이라든지, 아니면 '아크라시아'는 무지의 결과라는 주장은 『프로타고라스』에 가서야 상세하게 논의되는 주제이지 『소크라테스의 변론』에서 언급되는 주제는 아니다. 플라톤은 '소크라테스의 역설'이라 불리는 여러 문제들을 자신의 논지에 입각해서 새롭게 변형하여 재구성하고 있는데, 철학사에서 흔히 역사적 소크라테스의 논의라고 일컬어지고 있는 것들은 사실상 플라톤이 정교하게 재구성한 논의들이다. 그러기에, '지식과 덕의 동일성' 논의나 아크라시아의 문제는 역사적 소크라테스의 직접적 논의는 아니다. 『소크라테스의 변론』의 소크라테스는 덕의 문제에 있어 주지주의적 경향을 띠면서도 유한한 인간의 지혜가 덕의 본질을 직접적으로 꿰뚫을 수 있다는 것에 대해서는 강한 의구심을 제기한다. 그런데도 그는 자신이 다른 누구보다도 실천적 지혜를 소유하고 있으며 도덕적으로 탁월하다는 것을 확신하고 있다.

소크라테스는 인간이 영혼을 잘 보존하기 위해서는 무엇보다도 의롭지 못한 짓이나 부끄러운 일을 저지르지 말아야 할 것을 요구한다. "죽음도 또는 그 밖의 어떠한 것도 부끄러움보다 더 고려해서는 안 될 것입니다."(『소크라테스의 변론』 28d) 그래서 살아 있을 때 사람들이 가장 중요하게 생각해야 할 것은 단순히 사느냐 죽느냐 하는 것이 아니라 얼마나 선하고 얼마나 의롭게 살고 죽느냐 하는 것이다(『고르기아스』 527e).

아테네의 포악한 과두정과 타락한 민주정 아래에서 소크라테스의 자아를 지배하고 있던 제1 관심사는 "그 어떠한 의롭지 못한 짓도 그리고 그 어떠한 불경한 짓도 범하지 않는 것이다."(『소크라테스의 변론』 32d) 이것과 더불어 『크리톤』에 나오는 다음과 같은 소크라테스의 행위원칙 역시 어떠한 경우에서도 다른 사람에게 해코지를 하지 않는 것을 의미한다. "그렇다면 어떠한 경우에서도 불의를 저지르지 말아야 하네."(『크리톤』 49b10) 이 원칙은 이전에 자신에게 해코지를 했던 사람에게도 적용된다. "어쨌든 불의를 저지른다는 것은 결국 불의를 저지르는 사람에게 악하고 부끄러운 것이 아니겠는가?"(『크리톤』 49b6-8)

그런데 소크라테스는 민주정치 기간 중인 기원전 406년 생애 처음이자 마지막으로 최고권력기구인 '불레'(boulē)에 참가해서 '프뤼타네이스(prytaneis)'의 '수장(epistatēs)'으로서 하나의 사건을 주관하였다. 그 사건은 '아르기누사이(Arginusae)' 해전에서 병사들을 구하지 않았다는 죄목으로 고발된 10명의 장군들에 대한 재판이었는데, 이때 그는 사실상의 '국가원수'로서 이 재판을 주관하였다. 그런데 당시의 사람들은 그날 피고인으로 법정에 선 장군들을 한 사람씩 재판하기보다는 일부의 예외규정을 두어 '약식재판'을 통해서 일괄적으로 재판할 것을 요구하였다. 이것이 법정의 다수의견이었다. 그러나 유독 소크라테스만은 약식재판의 부당성을 주장하며 한 사람씩 판결해야 한다는 소수의견을 내놓았다. 그러면서 자신의 권한으로 그것을 관철시켰다. 그런데 그가 의정원의 다수의견을 무시하면서 독자적인 판결을 내리는 행위는 당시의 분위기로서는 아테나이 민주정치에 정면으로 반하는 위험천만한 행위였다. 하지만 당시의 아테나이 법은 분명 피고를 단 한 차례의 약식재판으로 한꺼번에 재판하는 것을 불법으로 규정하고 있었다. 그리고 소크라테스는 자신이 정부수반으로 있는 동안에는 어떠한 불법적인 일도 저지르려 하지 않았다. 그러기에 소크라테스는 정치적 위험부담을 안고서도 약식재판의 부당성을 지적한 것이다.

30인 과두정권 당시에도 이와 유사한 사건이 소크라테스에게 벌어졌다. 기원전 404년 펠로폰네소스 전쟁에서 아테나이가 패배하자 스파르타의 무력을 배경으로 하여 망명에서 돌아온 '카르미데스(Charmides)'와 '크리티아스(Critias)' 등이 주동이 된 30인의 친(親)스파르타 정치가들이 과두정권을 설립하였다. 그런데 처음에 그들은 새로운 헌법의 제정위원들이었다. 하지만 전쟁 중의 범법자들을 색출한다는 구실 아래, 그들은 정권을 잡자마자 곧바로 공포정치 체제를 구축하면서 수천에 이르는 정적들을 처형하고 추방시켰다. 민주정치가 복원되기까지 이러한 공포정치는 8개월 동안이나 지속되었다. 그런데 이 30인 과두정권의 실세들은 살라미스에 숨어 있는 '레온'을 체포하기 위한 작전에 소크라테스를 끌어들임으로써 그를 적극적으로 과두정권 지지자로 만들고자 하였다. 하지만 그는 과두정권 하에서 수많은 사람들이 올바른 재판을 받지도 못한 채 죽음을 당한 것을 목격하고 있었기 때문에, 그들의 제안을 단호하게 거절하였다. "다른 네 사람은 살라미스로 가서 레온을 체포해 왔었지

만, 나는 그들과 헤어져서는 집으로 갔을 뿐이었으니까요."(『소크라테스의 변론』 32d)

소크라테스는 결코 어느 누구에게도 고의적으로 불의를 저지르고자 하지 않는다(『소크라테스의 변론』 37a). 그는 자신이 청년들을 고의적으로 타락시켰다고 주장하는 멜레토스를 상대로 하여 펼치는 법정 연설에서도 이러한 사실을 명백하게 밝히고 있다. 먼저 그는 멜레토스로부터 모든 사람은 이롭게 되는 것을 바라고 있다는 사실을 확인한다. "어느 사람이 자기와 사귀는 사람들에 의해서 이로움을 받기보단 해로움을 받기를 원하겠는가?"(『소크라테스의 변론』 25d) 그러기에 소크라테스가 의도적으로 청년들을 타락시켰다고 주장하는 멜레토스의 증언은 거짓이다. 그는 자신과 가까이 있는 청년들에게 의도적으로 나쁜 짓을 할 경우, 그들로부터 해를 입게 될 수도 있다는 것을 모르는 사람은 아니다(『소크라테스의 변론』 25d-e). 그리고 만약 그가 본의 아니게 청년들을 타락시킨다고 할지라도, 그것은 전혀 그의 본심이 아니다. 그것은 비자발적으로 이루어진 사태이기 때문이다. 그런데 만약 악행이 비자발적으로 이루어졌다면, 그 당사자에게 필요한 것은 징계와 처벌이 아니라 '가르침'과 '충고'인 것이다. 다음은 『소크라테스의 변론』에 등장하는 언급이다.

"만약 내가 [그들을] 비자발적으로 타락시킨다면", 그러한 비자발적인 잘못에 대해서 법은 [사람들을] 이곳으로 이끌고 오게 되어 있는 것이 아니라 "개인적으로 [사람들을] 붙잡고서 가르쳐 주거나 충고하게끔 되어 있네." 왜냐하면 내가 가르침을 받게 된다면, 내가 비자발적으로 하는 짓이야 당연히 그만두게 될 것이 분명하기 때문이네.(26a)

소크라테스의 이러한 주장은 『고르기아스』의 플라톤적인 명제와 유사하다. "어느 누구도 불의를 저지르려고 의욕하는 사람은 없다. 오히려 불의를 저지르는 사람은 모두 비자발적으로 그렇게 하는 사람들이다."(『고르기아스』 509e7-9) 그리고 그것과 밀접한 연관성을 가진다. 그러나 『소크라테스의 변론』의 이 명제가 『고르기아스』의 명제와 완전히 동일한 것은 아니다. 그런데도 일반적인 철학사에서는 『고르기아스』에 나타난 이러한 테제가 곧바로 '역사적 소크라테스'의 주장이라고 언급하고 있다. 하지만 이것은 성급하게 동일시되어야 할 것이 아니라 세심하게 구분되어야 할 것이다. 『소크라테스의 변론』에 나타난 소크라테스가 멜레토스가 언급하는 고발의 부당성에 저항하기 위해서 자신의 행위원리를 천명하고 있는 데 반해서, 『고르기아스』에 나타난 소크라테스는 인간 행위의 보편적인 구조를 밝힐 목적으로 존재의 궁극적인 법칙을 탐구하고 있다. 전자가 역사적 소크라테스의 행위이론인 데 반해서 후자는 플라톤의 도덕철학이다. 『소크라테스의 변론』에 나타난 소크라테스가 모든 사람들이 의도적으로 악한 짓을 하지 않을 것이라는 것을 자신의 도덕적인 행위 속에서 개별적으로 보여주고(37a) 있는 데 반해서, 『고르기아스』에 나타난 소크라테스는 『변명』의 도덕적 원리를 보편적인 인간행위의 원리로 승화시키고자 한다. 『소크라테스의 변론』의 소크라테스가 '무지의 지'를 고백하는 신중하고 겸손한 지혜의 탐구자인 데 반해서, 『고르기아스』의 소크라테스는 "선이야말로 모든 행위의 목적이며, 이것을 위해서 다른 모든 것들이 행해져야지 이것들을 위해 선이 행해져서는 안 된다"(499e~500a)라는 테제에 따라 모든 존재자의 행위원리를 정립하려는 강철 같은 이성의 소유자이다. 이것이 바로 『소크라테스의 변론』의 소크라테스와 『고르기아스』의 소크라테스가 닮은 가운데에서도 '닮지 않은' 특징인 것이다.

그러므로 『소크라테스의 변론』에 근거한 최소한의 역사적 소크라테스의 모습은 다음 세 가지로 정리될 수 있다. 첫째, 소크라테스는 이성의 필연적 법칙에 따라 세계를 이해하는 철저한 이성적인 인간임과 동시에 신적인 명령과 섭리에 근거해 말하고 행동하는 경건한 종교적인 인간이다. 그는 이성적이면서도 종교적인 양극성의 인물이다. 그런데도 그는 자신의 지혜와 도덕적 실천 속에서 그것을 조화시키고 있다. 둘째, 소크라테스의 논박법은 그의 존재가 지닌 양극성의 축을 따라 이중적인 특징을 띠고 있다. 한편으로 그것은 타자를 논파하면서 그가 지닌 인간적인 지식을 논파하고 부정하는 반어법이다. 또 다른 한편으로 것은 영혼을 정화하고 덕을 닦는 산파술이다. 셋째, 소크라테스는 덕과 지식의 동일성을 추구하면서도 그것을 단순하게 동일시하지 않는 겸손한 철학자이다. 덕과 지식은 그 자체로는 동일하다. 하지만 우리에게 드러난 덕과 지식은 그 자체로 동일하지 않다. 이처럼 소크라테스는 덕과 지식 사이의 필연적 연관성은 인정하나 그 둘을 동일시하지는 않는다. 그는 인간이 유한한 지식을 소유하고 있다는 것을 고백하는 겸손한 철학자이다.

3) 소피스트, 그들은 누구인가?

기원전 5세기 아테네 지식계는 소피스트들이 지배하였다. 프로타고라스(Protagoras), 고르기아스(Gorgias), 프로디코스(Prodicus), 히피아스(Hippias), 안티폰(Antiphon), 트라시마코스(Thrasymachus), 칼리클레스(Callicles), 크리티아스(Critias), 그리고 에우티데모스(Euthydemos) 등을 포함한 약 26명의 소피스트들은 기원전 460년에서 380년 사이에 활동하면서 아테네 청년들에게 수사학과 제반 정치 관련 기술을 가르쳤다. 그리스 철학사에서는 자연보다 인간을 더 많이 탐구한 사람들로 기록되고 있다.

아테네에 이런 계몽주의적 운동을 최초로 전개한 소피스트는 프로타고라스이다. 그는 압데라(Abdera) 출신으로 기원전 490년 이전에 태어나 421년 직후에 사망한 것으로 알려졌다. 아테네에서는 페리클레스의 정치참모로 활동하였으며 그 당시 아테네의 식민지였던 이탈리아의 투리이(Thurii) 지역의 헌법을 기초하기도 하였다. 페리클레스가 죽은 이후에는 재판에서 불경죄로 유죄가 선고되어 아테네를 떠났다. 항해 도중 익사했다는 말도 전해진다. 그의 철학과 관련된 몇 개의 단편이 전해진다.

프로타고라스와 쌍벽을 이루는 소피스트로 고르기아스가 있다. 시칠리아의 레온티니 출신으로 기원전 485년경에 태어나 376년경까지 살았으니, 100세 이상 장수한 철학자이다. 자연철학자 엠페도클레스의 제자였으며 기원전 427년 아테네를 방문하여 자신의 수사학을 자랑했다는 일화가 전해진다. 프로타고라스와 함께 당대 최고의 수사학 교사로 이름을 날렸으며 상당한 액수의 수업료를 받은 것으로도 유명하다.

키클라데스의 케오스 섬 출신의 프로디코스는 기원전 460년에 태어났을 것으로 전해지나 사망 시기는 불명확하다. 소크라테스의 서거 시기인 399년에는 생존했던 것으로 전해지며 고르기아스처럼 개인교습으로 상당한 액수의 돈을 벌었던 것으로 전해진다. 엘리스 출신의 히피아스는 프로디코스와 비슷한 연배이며 기원전 4세기 초에 사망한 것으로 알려졌다. 박학다식한 사람으로 알려졌으며 엄청난 기억력의 소유자로도 유명하다. 단 한 번 들고서 50개의 이름을 기억할 수 있었다고도 한다.

칼케돈 출신의 트라시마코스는 플라톤『국가』제1권에서 소크라테스와 논쟁하는 인물이다. 연설가 및 수사학 교사로서 유명하였으며 많은 지역을 여행한 사람으로도 알려졌다. 칼리클레스는 플라톤의 대화편『고르기아스』에서만 등장하는 인물이다. 그의 실존성을 부정하는 사람도 있지만, 플라톤에 따르면 그는 아테네의 아카르나이 구(區) 출신으로 알려졌다. 소크라테스와의 논전에서는 철학 공부를 경멸하는 인물로 그려진다. 크리티아스는 엄격한 의미에서는 소피스트로 분류될 수 없다. 하지만 그가 소크라테스와 다른 소피스트들에게서 배웠다는 이유로 소피스트로 분류되곤 한다. 그리고 에우티데모스와 디오니소도로스는 키오스 출신으로 형제간이다. 투리이의 식민도시 건설에 참여하며 그리스 본토로 돌아와서는 소피스트로 활동한다.

다른 문화권에서와는 달리, 그리스인들은 소피스트 덕분에 계몽주의의 세례를 철저하게 받았다. 사실 철학적 깊이와 무게 면에서 인도와 중국은 그리스 철학에 뒤지지 않는다. 특히 인도문화권의 철학자들은 서구인들이 상상하기 힘든 철학적 통찰을 소유하기도 하였다. 하지만 그러한 인도문화권에도 참다운 의미의 계몽주의 운동은 존재하지 않았다. 즉 이성에 근거한 합리적 담론이나 기존의 가치나 규범을 전면적으로 재검토하는 반성의 작업은 없었던 것이다. 그렇지만 그리스에서는 소피스트들의 출현과 함께 그러한 작업이 본격적으로 가능하게 된다. 바야흐로 그리스 계몽주의 시대가 열리고 인류의 정신문명이 한 발짝 전진하게 된 것이다.

그런데 소피스트들의 계몽주의는 인류 지성사에 많은 공헌을 했지만 그와 함께 많은 과오도 범하였다. 많은 철학자들이 지적하듯이, 그들은 전통적인 가치와 도덕에 대한 무차별적인 비판을 감행한 해체주의자들이다. 물론 그들이 아테네 사람들로 하여금 자신들의 전통적인 가치와 도덕을 반성하게 한 긍정적인 측면은 분명히 있다. 하지만 그러한 비판이 새로운 가치와 도덕을 창출할 수 있는 긍정적인 기능을 갖추고 있지 못한다면, 소피스트 계몽주의의 귀착점은 '허무주의(Nihilism)'가 될 수밖에 없다. 즉 모든 것이 혼돈(chaos) 상태에 빠져버리고 말 것이다. 그렇게 되면 모든 것은 힘의 논리에 의해 지배되고 인간 세상 역시 강자독식이 되고 말 것이다. 이것은 소피스트 계몽주의가 가지고 있는 가장 부정적인 모습이기도 하다.

■ 글쓰기와 토론을 위한 읽기 자료

다음 3개의 글은 소피스트 프로타고라스와 고르기아스 그리고 자연철학자 파르메니데스의 글이다. (가)는 소피스트 프로타고라스의 글이다. 그의 단편은 모두 이성에 기반을 둔 예리한 통찰이 돋보이는 글이다. 이들의 글은 인류 역사상 최초로 나타난 계몽주의라는 긍정적인 평가를 받으면서도 그리스의 전통적인 가치

관을 상대화시킨 철학자라는 부정적인 평가도 받고 있다. (나)는 소피스트 고르기아스의 글로 당대 수사학의 위용을 드러낸 유명한 문장이다. 소피스트와 함께 계몽주의 운동을 심화시켰으며 아테네의 전통적인 가치를 해체한 철학자로도 유명하다. 그리고 (다)는 자연철학자 파르메니데스의 글이다. 위 두 철학자들보다 이전에 활동한 철학자로 소크라테스 이전의 자연철학을 완성한 사람이다. 인간의 감각을 부정하며 이성에 근거한 존재의 세계를 강조하였다. 아랫글을 읽고 한 사람의 입장을 선택하여 인간과 자연에 대한 자신의 견해를 완성하라. 단, 선택한 입장과 대비되는 철학자에 대한 비판적인 논의도 개진하라.

(가)

인간(anthropos)은 만물(panton chrematon)의 척도이다(panton chrematon metron anthropon einai). 그러한 것에 대해서는 그러하다는 것(ton men onton, hos esti)의, 그렇지 않은 것에 대해서는 그렇지 않다는 것(ton de me onton, hos ouk estin)의 척도이다. (단편 1)

신들에 관해서 나로서는 그들이 존재하는지 또는 존재하지 않는지를 또한 그들이 어떠한 모습을 하고 있는지를 알 어떠한 가능성도 가지고 있지 않다. 왜냐하면 그와 같은 지식에 이르는 데에는 그 존재 자체의 불분명함과 인생의 짧음을 포함하여, 많은 장애물이 있기 때문이다. (단편 4)

프로타고라스는 '일반논증(이중논변)'이라고 불리는, 유명한 주제들에 대해서 준비하여 집필하였다. 에우아틸로스는 압데라의 프로타고라스로부터 그가 개발한 기술(수사술)을 1만 데나리온의 수업료를 지불하고 배웠다고 전해진다. 이러한 사람들 중에서 프로타고라스와 고르기아스가 일반논증(이중논변)을 논의한 최초의 인물이었으며, 프로디코스, 히피아스, 또다시 프로타고라스, 그리고 트라시마코스는 '감정'을 논의한 최초의 인물들이었다. (단편 6)

연습 없는 기술과 기술 없는 연습은 아무것도 아니다. (단편 10)

교육이 큰 깊이를 가지지 않는 한, 영혼 안에서 발아될 수는 없다. (단편 11)

(프로타고라스가 말한 그리스-시리아 격언들) 노동과 일, 교수와 교육, 그리고 지혜는 유창한 말솜씨의 꽃들로 엮이고 달변을 좋아하는 사람들의 머리 위에 놓인 명성의 화환이다. 그러나 유창함은 어려운 것이며, 아직 그것의 꽃들은 풍부하고 새롭다. 그리고 청중, 박수치는 사람들, 그리고 선생들은 기뻐하고 학자들은 나아가며, 우둔한 사람들은 애타 한다. -또는 아마도 우둔한 사람들은 초조해하지도 않을 것이다. 왜냐하면 그들은 충분한 통찰력을 가지고 있지 않기에. (단편 12)

(나)

아무것도 존재하지 않는다. 만일 어떤 것이 존재한다면, 그것은 존재이거나 비존재이어야 한다. 혹은 존재와 비존재의 뒤엉킴이어야 한다. 그것은 비존재일 수가 없는데, 비존재는 존재하지 않는 까닭이다. 비존재가 존재한다면, 그것은 존재인 동시에 비존재인 것이 될 터인데, 그러한 사태는 불가능하다. 그것은 또한 존재일 수도 없는데, 존재는 존재하지 않기 때문이다. 만일 존재가 존재한다면, 그것은 영원불변하거나, 창조되었거나, 혹은 그 두 가지의 뒤섞임이 되어야 한다. 먼저 존재는 영원불변할 수 없다. 만약 그러하다면 시작이 없을 것이고, 따라서 경계가 없이 무한할 것이며 그렇게 광대 무궁한 존재라면 위치를 가지지 않을 것이다. 위치를 갖는 것이란 무엇인가에 포함되어 있는 부분이 될 것이므로 더 이상 경계가 없이 무변 광활한 전체가 아니기 때문이다. 포섭하는 자는 포섭되는 자보다 광범위하여 무궁한 전체보다 광범위한 것은 있을 수 없다. 그렇게 되면 포함하는 자와 포함되는 자가 동일하게 되어 존재는 위치와 본체의 두 가지 양상을 띠게 될 것인데 그러한 사태는 부조리하다. 요컨대, 존재가 영원불변하다면, 그것은 경계가 없이 무궁무진한 형상으로 파악될 것이다. 만일 무궁무진한 것이라면 위치를 가지지 않는(어디에도 없는) 무엇이 될 것이며, 존재하지 않는 어떤 것으로 귀결될 것이다. 마찬가지로, 존재는 만들어진 것일 수 없다. 창조된 피조물이라면 존재이거나 비존재로부터 생성되어야만 하는데, 두 경우 모두 불가능하다(존재하는 자기 자신으로부터 창조된 것이라면 그 존재는 더 이상 자기 자신일 수 없을 것이다). 마찬가지로 존재는 영원불변하면서 창조된 것이 될 수도 없는데, 양자는 상반된 것이기 때문이다. 그러므로 존재는 존재하지 않는다. 존재는 하나일 수 없는데, 만일 그러한 존재가 존재한다면 크기를 갖게 될 것이고 무한대로 쪼개질 수 있을 것이기 때문이다. 그것은 길이와 넓이, 깊이라고 하는 적어도 세 가지의 요소를 가지게 될 것이다. 존재는 여럿일 수도 없는데, 여럿은 많은 수의 하나들이 집합을 이룬 것이며 이미 하나가 존재하지 않는 이상, 여럿 또한 존재하지 않을 것이기 때문이다. 존재와 비존재의 뒤엉킴은 불가능하다. 그리하여 존재가 존재하지 않는 이상, 아무것도 존재하지 않게 된다.

만일 어떤 것이 존재한다 하더라도, 그것을 인식할 수 없다. 정신에 의해 만들어지는 관념들이 실재가 아니라면 실재는 사유가 될 수 없을 것이다. 생각된 어떤 것이 하얗다면, 하양은 생각된 것이다. 사유 된 어떤 것이 존재하지 않는다면, 비존재가 사유 된 것이다. 이러한 것은 '존재나 실재는 사유 되지 않으며 사유 될 수 없는 것이다'라는 언명과 다를 바가 없다(정신에 의해 사유 된 많은 것들은 실재하는 사물들이 아니다). 우리는 물 위를 달리는 전차를 떠올릴 수도, 날개가 달린 사람을 상상할 수도 있다. 한편 보이는 사물들은 시각의 대상들이고, 들리는 사물들은 청각의 대상들이며, 어떤 대상의 소리를 듣지 않고 다만 봄으로써 그 대상의 실재성을 받아들이고 또 이와 반대의 경우에도 마찬가지이므로 보고 듣는 감각경험이 없이 다만 사유되는 대상들 또한 듣는 감각경험이 없이 다만 사유되는 대상들 또한 실재하는 사물들로 받아들여야만 할 것이다. 하지만 이러한 것들은 결국 물 위를 헤쳐 가는 전차와 같은 가공의 대상들을 믿는 것과 다를 바가 없을 것이다. 그러므로 실재나 존재는 사유의 대상이 아니며(정신의 사유기능으로 이해될 수도 없다), 감각기관과 대비되는 것으로서의 순수사유, 혹은 감각기관과 동등하게 타당한 척도로서의 순수이성은 하나의 신화에 불과한 것이다.

만약 어떤 것이 이해된다 하더라도, 그것을 전달할 수는 없다. 존재하는 사물들 중 시각의 대상들은 시각에 의해 감지되고, 청각의 대상들은 청각에 의해 감지되며, 그들 상호 간에 매개체가 존재하지 않는다. 따라서 그러한 감각지각들은 서로 맞닿을 수가 없다. 더구나 우리가 의사소통의 도구로 사용하고 있는 도구는 언어인데, 언어는 존재하고 있는 사물들, 즉 지각가능한 개별자들과 동일한 것이라 말할 수 없다. 우리는 존재하고 있는 사물들을 전달하고 있는 것이 아니라 단지 언어를 소통시키고 있는 것이다.

보이는 대상이 들리는 대상과 다른 것처럼 우리의 언어는 우리 밖에 존재하는 실재적인 사물들과 동일한 것이 될 수 없다. 나아가 언어는 정신의 외부, 다시 말하면 개별자들로부터 받아들인 지각의 결과물로부터 만들어지는 것이다. 따라서 우리의 언어가 개별자의 지각된 성질들을 전달하는 것이 아니라, 개별자의 지각된 성질들이 우리의 언어를 만들어 내는 것으로 볼 수 있다. 덧붙여 우리의 언어는 결코 존재자의 지각된 인상들을 여실히 반영해낼 수 없는데, 언어는 개별자의 지각된 성질들과 명백하게 다를 뿐 아니라, 각각의 개별 존재자들을 지각하게 하는 신체기관과 언어를 창출하고 활용하는 신체기관과 별개의 것이기 때문이다. 그리하여 시각의 대상들은 다른 감각기관이 아닌 오직 시각을 통하여 드러나고, 여러 상이한 감각기관들은 그들 각각이 파악한 인지의 정보들을 서로 주고받을 수 없으며, 마찬가지로 우리의 정보들은 서로 주고받을 수 없으며, 마찬가지로 우리의 언어는 존재자의 지각된 성질들에 대하여 어떠한 정보도 제공할 수 없다. 결론적으로 어떠한 것이 존재하고 이해된다고 할지라도, 그것에 대하여 이야기할 수는 없다. (『비존재에 관하여 또는 자연에 관하여』라는 타이틀이 붙은 그의 단편 3)

(다)

13. 단편 7 플라톤/섹스투스 엠피리쿠스(DK28B7)

그 이유는 이렇다. 이것, 즉 있지 않은 것들이 있다는 것이 결코 강제되지 않도록 하라.
오히려 그대는 탐구의 이 길로부터 사유를 차단하라.
그리고 습관(ethos)이 [그대를] 많은 경험을 담은 이 길로 [가도록],
즉 주목하지 못하는 눈과 잡소리 가득한 귀와 혀를 사용하도록 강제하지
[5] 못하게 하라. 다만 나로부터 말해진 많은 싸움을 담은 테스트(polydēris elenchos)를 논변으로(logōi) 판가름하라(krinai).
(1~2행: 플라톤 ≪소피스트≫ 237a, 258d/ 2~6행: 섹스투스 엠

피리쿠스 《학자들에 대한 비판》 Ⅶ.111. 김인곤 외 역)

14. 단편 8 심플리키오스(DK28B8)

··· 길에 관한 이야기(mythos)가 아직 하나 더
남아 있다, 있다라는. 이 길에 아주 많은 표지들(sēmata)이
있다. 있는 것은 생성되지 않고 소멸되지 않으며,
온전한 한 종류의 것(oulon mounogenes)이고 흔들림 없으며
완결된 것(ēde teleston)이라는.

[5] 그것은 언젠가 있었던 것도 아니고, 있게 될 것도 아니다.
왜냐하면 지금 전부 함께
하나로 연속적인 것으로 있기에. 그것의 어떤 생겨남을 도대체
그대가 찾아낼 것인가?
어떻게, 무엇으로부터 그것이 자라난 것인가? 나는 그대가 있
지 않은 것으로부터라고
말하거나 사유하는 것도 허용하지 않을 것이다. 왜냐하면 있지
않다라는 것은
말할 수도 사유할 수도 없기 때문이다. 그리고 어떤 필요인가.
[10] 먼저보다는 오히려 나중에 그것이 아무것도 아닌 것에서
시작해서 자라나도록 강제했겠는가?
따라서 전적으로 있거나 아니면 전적으로 없거나 해야 한다.

또 확신의 힘은 있지 않은 것으로부터 도대체 어떤 것이
그것 곁에 생겨나도록 허용하지도 않을 것이다. 그것을 위해
디케(정의)는
족쇄를 풀어서 생겨나도록 또 소멸하도록 허용하지 않았고,
[15] 오히려 꽉 붙들고 있다. 이것들에 관한 판가름(krisis)은
다음의 것에 달려 있다.

있거나 아니면 있지 않거나이다. 그런데 필연인 바 그대로,
한 길은 생각될 수 없는 이름 없는 길로 내버려두고 (왜냐하면 그것은 참된
길이 아니므로) 다른 한 길은 있고 진짜이도록 허용한다는 판가름이 내려져 있다.
그런데 어떻게 있는 것이 나중에 있을(epeita peloi) 수 있겠는가? 또 어떻게 그것이 생겨날 수 있(었)겠는가?
[20] 왜냐하면 생겨났다면 그것은 있지 않고, 언젠가 있게 될 것이라면 역시 있지 않기에.
이런 식으로 생성은 꺼져 없어졌고 소멸은 들리지 않는다.

[그것은] 나누어질 수 있는 것도 아니다. 왜냐하면 전체가 균일하기에.
또 여기에 조금도 더 많이 있지도 않고(그런 상태는 그것이 함께 이어져 있지 못하도록 막게 될 것이다),
조금도 더 적게 있지도 않으며, 오히려 전체가 있는 것으로 꽉 차 있다.
[25] 이런 방식으로 전체가 연속적이다. 왜냐하면 있는 것이 있는 것에 다가가기 때문이다.

그러나 [그것은] 커다란 속박들의 한계들 안에서 부동(不動)이며 시작이 없으며 그침이 없는 것으로 있다. 왜냐하면 생성과 소멸이
아주 멀리 쫓겨나 떠돌아다니게 되었는데, 참된 확신이 그것들을 밀쳐냈기 때문이다.
같은 것 안에 같은 것으로 머물러 있음으로써, 그 자체만으로 놓여 있고
[30] 또 그렇게 확고하게 그 자리에 머물러 있다. 왜냐하면 강한 아낭케(필연)가

그것을 빙 둘러 에워싸고 있는 한계의 속박들 안에 [그것을] 꽉 붙들고 있기 때문이다.

그러므로 있는 것이 미완결이라는 것은 옳지(themis) 않다. 왜냐하면 결핍된 것이 아니며, 만일 결핍된 것이라면 그것은 모든 것이 결핍된 것일 테니까.

같은 것이 사유되기 위해 있고 또 그것에 의해 사유가 있다.
[35] 왜냐하면 있는 것 없이([생각이] 표현된 한에서는 그것에 의존하는데)
그대는 사유함을 찾지 못할 것이기에. 왜냐하면 있는 것밖에 다른 그 아무것도
있거나 있게 될 것이 아니기 때문에. 왜냐하면 모이라(운명)가 바로 이것을 온전하고
부동의 것이게끔 속박하였기 때문이다. 이것에 대해 모든 이름들이 붙여져 왔다,
가사자들이 참되다고 확신하고서 놓은 모든 이름들이,
[40] 즉 생겨나고 있음과 소멸되어감, 있음과 있지 않음,
그리고 장소를 바꿈과 밝은 색깔을 맞바꿈 등이.
그러나 맨 바깥에 한계가 있기에, 그것은 완결된 것,
모든 방면으로부터 잘 둥글려진 공의 덩어리와 흡사하며,
중앙으로부터 모든 곳으로 똑같이 뻗어 나와 있는(isopales) 것이다. 왜냐하면 그것이
[45] 저기보다 여기에서 조금이라도 더 크다든가 조금이라도 더 작다든가 해서는 안 되기 때문이다.
왜냐하면 그것이 같은 것(homon)에로 도달하는 것을 막을 만한 것이 있지 않은 것이란
있지 않고, 또한 있는 것은 있는 것 가운데 더 많은 것이 여기에, 그리고 더 적은 것이

저기에 있게 될 길이 없기 때문에. 왜냐하면 그것은 전체가 불가침이기에.

왜냐하면 모든 방면으로부터 자신과 동등한 것으로서, 한계들 안에 균일하게 있기에.

(≪아리스토텔레스의 <자연학> 주석≫ 145~146; 파르메니데스는 김인곤 외 번역)

4) 플라톤 철학의 3 기둥은 무엇인가?

소크라테스의 사상을 계승한 플라톤은 소피스트들이 이룩한 합리주의의 토대 위에 새로운 가치와 도덕을 창출하고자 노력한다. 그가 거부한 것은 소피스트들의 탈(脫)도덕적 성향이었지 그들의 지성이 아니었다. 사실 소피스트들의 지성은 주목할 만한 것이었으며, 그 시대 역시 엄격한 지성을 요구하고 있었다. 그러기에 우리는 플라톤을 이해할 때, 처음부터 끝까지 지성에 의해서 세계를 바라보고 지성에 의해서 세계를 변화시키고자 한 지식인으로 생각하는 것이 온당하다.

플라톤 철학에 입문하는 데 있어서 가장 중요한 키워드가 되는 것은 '이데아 이론'과 '상기설' 그리고 '영혼불명사상'이다. 이 세 가지 핵심 개념은 플라톤 철학을 떠받치는 세 기둥이기도 하다. 이데아 이론은 플라톤 철학을 형이상학적 차원에서, 상기설은 인식론적 차원에서 그리고 영혼불멸사상은 심리학적 차원에서 플라톤 철학을 떠받들고 있다.

(1) 이데아 이론

지금도 그렇지만, 플라톤 당시 가장 고차원적인 학문은 수학이다. 좀 더 정확히 말하자면, 기하학이다. 그런데 플라톤은 이러한 수학에서 우리의 경험세계에선 결코 찾아보기 힘든 '동일한 것'이라는 개념을 찾아낸다. 그리고 그는 그것이 경험의 세계와는 다른 세계에 존재한다고 생각하였다. 다른 말로 하자면, 지식과 과학의 대상이 되는 객관적이고 보편적인 세계가 존재한다고 생각했던 것이다. 이러한 대상을 가리켜 그는 '이데아(Idea)'라고 언급한다. '마음의 눈에 의해서 보인 바의 것'이라는 뜻을 지닌 이 개념은 그 당시 그리스에 널리 퍼져 있던 일반적인 개념이었으나 플라톤에 의해서 본격적인 철학적 개념으로 정립된다.

그런데 플라톤 철학에서 이데아론은 무엇보다도 '윤리학적 요청' 때문에 도입되고 확장된다. 이것은 소크라테스 철학을 이해하는 데 있어서도 마찬가지이다. 특히, 『에우티프론』 등 이른바 소크라테스와 연관된 플라톤의 초기 대화편은 윤리학적 시각에서 이해 가능하다. 여기에서 이데아는 어떤 행위가 덕이 있는지 그리고 어떤 행위가 그렇지 않은지를 구분하여 알아보기 위한 하나의 판단기준이다. 이 기준이 일종의 본이 되는 것이다. 즉 플라톤은 이데아는 우리 삶의 영역에서 어떤 것이 좋고 나쁜지, 어떤 것이 옳은지 그른지 그리고 어떤 것이 아름답고 추한지를 알아볼 수 있도록 해주는 일종의 패러다임(paradigm)인 것이다. 이처럼 플라톤의 이데아는 삶의 모든 문제들에 대한 답변이기도 하다. 최소의 수단으로 최대의 효과를 올리고 있는 것이다. 플라톤 연구가들은 이데아의 이 같은 성격을 '이데아 이론의 경제성'이라고 부르기도 한다.

그런데 이데아 이론과 연관해서 가장 많이 언급되는 것은 이데아가 경험의 세계를 초월해 있다는 것이다. 특별히 플라톤은 이데아의 영원성과 불변성, 그리고 보편성과 객관성을 강조하기 위해 그렇게 생각한다. 하지만 이데아의 이러한 초월성은 이데아가 경험적 사물과 완전히 분리되어 있다는 것으로 이해되어서는 안 된다. 왜냐하면 플라톤은 곧바로 이데아와 경험적 사물들의 연결 가능성, 그리고 이데아와 이데아들끼리의 결합 가능성 등을 탐색하기 때문이다. 그 결과 현상계의 개별자가 상위의 이데아에 관계하는 것을 '참여(participation)'라는 개념으로, 이데아와 이데아 사이의 연결을 '결합(koinonia)'이라는 개념으로 설명한다. 참여 개념과 연관된 개념으로 '분유(分有)'와 '분여(分與)'가 있는데, 전자는 개별자가 이데아를 나누어 가진다는 뜻이고 후자는 이데아가 개별자에게 자신의 존재성을 나누어준다는 뜻이다. 분여와 연관해서 '임재(parousia)'라는 개념도 있다.

그런데 20세기 전후로 하여, 나트롭(P. Natrop)을 비롯한 신(新)칸트학파의 철학자들은 플라톤 이데아가 가진 초월성에 강한 의문을 제기하였다. 그러면서 그들은 플라톤 이데아가 초월적 객관적인 실재가 아니라 단순히 우리의 '선험적 개념'이나 '정신적 카테고리'로 해석되어야 한다는 입장을 피력하였다. 하지만 이러한 해석은 칸트의 인식론에 근거한 하나의 해석일 뿐이지 이데아에 대한 유일한 해석은 아니다. 아직까지 대부분의 플라톤 연구가들은 플라톤 이데아가 지닌 초월성과 객관성에 상당한 무게를 두고 연구를 지속하고 있다.

■ 글쓰기와 토론을 위한 읽기 자료

다음 2개의 글은 플라톤과 아리스토텔레스의 글이다. (가)는 『파이돈』에서 플라톤이 이데아에 대해서 언급하는 대목이다. 여기에서 그는 물질적 세계에서 형이상학적 세계인 이데아 세계로의 비상을 시도하며 이데아의 초월성을 강조한다. (나)는 『형이상학』에서 아리스토텔레스가 이데아론을 비판하는 대목 중 한 부분이다. 여기에서 그는 경험주의적 입장에서 이데아가 지닌 초월성을 조목조목 비판한다. 위에서 언급한 두 사람의 철학자들은 "참으로 존재하는 것은 무엇인가?"라는 문제를 놓고 입장을 달리한다. 근대 철학에서 데카르트는 플라톤의 입장을 이어받고 있으며 베이컨과 로크는 아리스토텔레스의 입장을 이어받고 있다. 과연 참으로 존재하는 것은 경험을 초월한 것인가 아니면 경험적인 것인가? 한 사람의 입장에 근거해서 다른 사람의 견해를 비판적으로 음미해 보자.

(가)

"그러나 실은 감각적 지각들의 관점에서는 같은 모든 것이 저

같은 것(같은 것 자체, auto to ho estin ison)에 이르고자 하지만, 이보다는 훨씬 모자란다고 생각하지 않을 수 없게 되는 것은 어쨌든 감각들로 해서네. 아니면 우리가 어떻게 말할 것인지?"

"그렇게 말할 것입니다."

"그렇다면 짐작건대, 보거나 듣거나 또는 다른 감각적 지각을 하기 시작함에 앞서, 같음 자체가 무엇인지에 대한 앎을 우리는 갖고 있어야만 되네. 우리가 감각적 지각들을 통해서 접하게 된 같은 것들을 같음 자체와 관련지을 수 있으려면 말일세. 그런 모든 것은 그것과 같은 것이고자 애를 쓰지만 그것보다는 한결 하찮으니까."

"앞서 언급된 것들로 미루어 그건 필연적입니다. 소크라테스 선생님!"

"그러니까 우리가 보고 듣고 또 그 밖의 다른 감각적 지각들을 하게 된 것은 태어난 후에 곧 하게 된 게 아닌가?"

"물론입니다."

"그러나 이것들에 앞서 어쨌든 동일함에 대한 앎(epistēmē)을 갖고 있었어야만 된다고 우리는 말하겠지?"

"네."

"그렇게 되면, 우리로서는 그 앎을 우리가 태어나기 이전에 갖게 되었던 게 필연적인 것 같으이."(『파이돈』75b-c, 박종현 역)

"그러므로 나는 그 밖의 다른 저들 지혜로운 원인들은 아직껏 이해도 못 하며 또 알게 될 수도 없으이. 하지만, 만약에 누군가가 내게 무엇이건 그게 아름다운 까닭을 말하기를, 그게 화사한 빛깔이나 [특유한] 모양 또는 그런 등속의 다른 어떤 것을 가졌기 때문이라고 한다면, 나는 그런 다른 것들은 개의하지 않으이. 다른 모든 것의 경우에는 내가 혼란스러워지기 때문일세. 그러나 내가 단순히 그리고 솔직하게 또한 어쩌면 순진하게 견지하고 있는 것은 바로 이것일세. 즉 그것을 아름답도록 만드는 것은 다른 것이 아니라 저 아름다움의 나타나 있게 됨(parousia)이거나 결합(koinōnia)이거나 또는 그것이 어떤 방식으로 어떻게 이루어지는 것이건 간에 말일세. 왜냐하면 내가 아직은 이것이다 하고 자신 있게 단언하지는 못하지만, 모든 아름다운 것이 아름다운 것은 아름다움(to kalon)으로 해서라는 건 자신 있게 단언하는 바이기 때문일세. 이것이야말로 나 자신에게 그리고 다른 사람에게도 대답해 주기에 가장 안전한 것으로 내게는 생각되기 때문이야. 또한 이를 고수한다면, 결코 넘어지는 일이 없을 것이고, 아름다운 것들이 아름답게 되는 것은 아름다움으로 해서라고 대답하는 것이 나 자신에게도 그리고 다른 누구에게든 안전하다고 나는 생각하고 있네. 혹시 자네에게도 그렇게 생각되지 않는가?"(『파이돈』 100c-e, 박종현 역)

(나)

무엇보다도, 꼴(이데아)들이 '감각되는 것'(감각 대상)들 중(해, 달, 별 등의) '영원한 것'들에게 또는 '생겨나고 사하지는 것'들에게 어떤 영향을 미치느냐는 물음을 누구든 제기할 수 있을 것이다. 왜냐하면 꼴들은 그것들에게 운동의 원인도, 어떤 변화의 원인도 못 되기 때문이다. 또 꼴들은 다른 사물들에 관한 앎을 위해 전혀 도움이 되지 않으며(꼴들은 그것들의 시체가 아니기 때문이다. 그렇지 않을 경우, 꼴들은 그것들 안에 들어 있을 것이다), 자신들을 나눠 갖는 사물들 안에 (구성요소로서) 들어 있지 않기 때문에, 이것들의 있음을 위해서도 전혀 도움이 되지 않는다. 아마도 꼴은 어떤 것(사물)과 섞인 흰색이 그 사물이 가지는 흼의 원인이란 방식으로 원인인 듯싶다. (...) 꼴들이 본(원형)이고 다른 것들은 이것을 '나눠 가진다'(분유한다)고 말하는 것은 빈말하는 것과 같고, 시적인 비유를 말하는 것과 같다. 도대체 이데아들에 시선을 두고 (이를 본뜨며) 일하는 것은 무엇이란 말인가? (...)

더 나아가, 사물들과 그 사물들의 실체가 따로 떨어져 있을 수
없는 것처럼 보일 것이다. 그러니, 어떻게 이데아들이 사물들
의 실체이면서 (이 사물들과) '따로 떨어져'(독립적으로) 있을
수 있겠는가? (플라톤의)『파이돈』에서 꼴(이데아)들이 사물들
의 있음과 생겨남의 원인이라고 주장되었다. 하지만 꼴들이 있
다 치더라도 (꼴들을) 나눠 갖는 것들은 (자신들을) 움직이는
것이 있지 않은 한, 생겨나지 않는다. 그리고 집이나 반지처럼,
우리(플라톤주의자들)가 그것에 대한 꼴들이 있지 않다고 말하
는 나머지 것들이 많이 생겨난다. 그러므로 분명히, 방금 말한
(두 가지의) 것들을 산출하는 그러한 종류의 원인들을 통해서
다른 사물들에서조차도 있을 수 있고 생겨날 수 있다(『형이상
학』 990a~991b).10)

---

10) 이와 연관해 언급되는 다음 글은 <자주민보>(2012.01.3.)에 게재된 '강대석의
철학산책 14. 플라톤의 이상(2), 이데아론에 제기된 몇 가지 문제'이다. "'이데
아'(Idea)라는 말속에서 플라톤은 ① 보편적 개념, ② 생성과 소멸을 모르는
영원히 변화하지 않는 정신적인 어떤 것, ③ 그 자체로 존재하는 실체, ④ 만
물의 원인이고 원형, ⑤ 모든 것이 추구하는 목표, ⑥ 선의 이데아를 정점으
로 하는 계층적인 질서 등으로 이해한다. 문제는 절대로 변치 않는 자기동일
자인 이데아의 세계와 생성소멸하는 현상계가 어떻게 연관을 맺느냐이다. 플
라톤은 모방(模倣, mimesis), 분유(分有, methexis), 임재(臨在, parousia)에 의
하여 이데아계와 현상계의 관계를 설명한다. 이데아는 원형이고 사물은 그 불
완전한 모방이다. 사물은 다양하나 일정한 종류의 사물에 해당하는 이데아는
하나이다. 다시 말하면 이데아는 같은 유(類) 아래 속하는 개별물에 공통되는
일자이다. 하나의 동일한 이데아를 모방하는 사물은 다수이다. 그러므로 개별
물은 이데아의 보편적 본질을 분유한다. 이데아의 보편적 본질을 개별물이 분
유하면 개별물은 이데아의 형상을 띠고 분유가 끝나면 그 형상을 잃고 만다.
이데아의 입장에서 보면 그것은 이데아가 개별물 속에 임시로 머문다는 말이
된다. 이데아는 개별물 속에 임재한다. 그러나 이데아는 영원히 변하지 않는
자기동일자이다. 이러한 존재가 어떻게 개별물 속에 들어오는가? 스스로는 움
직이지 않으면서 개별물로 하여금 이데아를 흠모하여 움직이게 하기 때문이
라고 플라톤은 대답한다. 물론 충분한 대답이 되지 못한다. 우선 플라톤의 이
데아론 자체에 대하여 몇 가지의 비판을 시도해 보자. (1) 플라톤에 의하면 이
데아는 일정한 사물에 공통되는 보편적인 일자이다. 사물에는 여러 가지 종류
가 있다. 플라톤은 사물의 종류마다 하나의 이데아를 설정하는 것 같다. 예컨
대 모든 사람을 포괄하는 '인간'이라는 종류에 해당하는 하나의 이데아가 있

(2) 상기에 대하여

"인간은 이데아를 어떻게 알 수 있는가?" 이러한 앎의 문제에 대한 플라톤의 대답은 '상기(anamnesis: recollection)'이다. '이미

고 각각의 동물에 해당하는 하나의 이데아가 있다. 그러나 유나 종의 구분은 생물학상으로도 그렇게 엄격하지 않다. 하등생물에서는 종과 종의 구분이 매우 미세하며 또한 중간 종이 나타날 수도 있다. 그뿐만 아니라 같은 유 가운데서도 많은 구분이 나타난다. 예컨대 인간 가운데는 백인종, 황인종, 흑인종 등의 구분이 있으며, 또 황인종 가운데는 중국인, 일본인, 한국인 등의 구분이 있다. 한국인만 하더라도 지역에 따라서 차이가 나며 엄밀히 관찰한다면 모든 인간은 제각기 독창적인 요소를 지니고 있어서 이로 인해 서로 구분된다고 말할 수 있다. 플라톤의 주장에 의하면 인간이라는 하나의 이데아가 있는데 이러한 동일한 이데아를 모방한 인간이 도대체 어떻게 그러한 차이를 나타낼 수 있는가? 물론 완전한 '인간'이라는 이데아를 모방하는 개별적인 인간은 그 모방하는 정도의 차이에 따라서 구분된다고 말할 수도 있다. 그러나 어떤 인종이 더 완전한 모방이고 어떤 인종이 더 불완전한 모방이라고 말할 수 있는 척도는 없다. 아니면 인간의 이데아가 있고 또다시 황인종이라는 이데아가 있으며 한국인, 남도인, 북도인, 김 아무개 등의 이데아가 존재하는가? 그렇게 되는 경우 플라톤의 이데아는 아무런 의미가 없게 된다. 이데아는 개별자를 연결하는 보편자로서만 의미가 있기 때문이다. 보편자에서 나오는 개별자의 차이를 설명할 수 없고 개별자마다 이데아가 있다면 이데아의 보편성과 모순된다. (2) 플라톤에 의하면 이데아계가 실제로 존재하며 이 이데아계에서 이데아들이 서열을 이루고 있다는 것이다. 그중에서도 가장 높은 위치에 있는 것이 선의 이데아로서 그것은 이데아의 이데아이다. 그 자체로 완전한 이데아가 어떻게 서열이 있을 수 있는지도 의심스럽다. 서열이 있다는 것은 결국 이데아가 불완전하다는 것을 의미하지 않는가? (3) 모든 사물이나 사건에 공통되는 하나의 이데아가 있다면 악이나 악인의 이데아도 있어야 한다. 그러나 악의 이데아라는 것은 그 자체로 모순이다. 왜냐하면 이데아는 완전하고 동시에 선한 것이기 때문이다. 플라톤을 옹호하는 사람들은 악을 선의 부재로 해석하려 한다. 그러나 그것은 플라톤의 모순을 은폐하기 위한 하나의 눈가림에 지나지 않는다. 모든 다른 이데아가 적극적으로 그에 해당하는 어떤 사물이 존재하기 때문에 존재하는 것으로 규정되는 데 반하여 왜 악은 선의 부재라는 말을 내세워 소극적으로 규정되어야 하는가? 그렇다면 추는 미의 이데아가 부재하는 것으로, 백은 흑의 이데아가 부재하는 것으로 해석해야 될 것이다. (4) 이데아가 불변이라면 고대의 존재했던 공룡의 이데아나 지금은 사라져버린 말라리아 균의 이데아는 어디로 갔을까? 아직도 어떤 허공에 존재하고 있으면서 다만 현상계의 모방을 차단하는 것일까?"

알고 있던 것'을 '다시' 안다는 의미이다. 플라톤이 이 개념을 가지고 앎의 문제를 설명하는 이유는 인간에게는 경험을 뛰어넘어 현실을 파악할 수 있는 선천적인 능력이 있다는 것을 강조하기 위해서였다. 당연히 상기에서 경험적인 것은 배제된다. 그의 이러한 주장의 배경에는 피타고라스 철학의 영향이 자리 잡고 있다. 피타고라스 학파에서도 앎을 이렇게 설명하기 때문이다. 어쨌든 플라톤은 자신의 상기 개념으로 자신의 인식 이론을 정립하면서, 소피스트적인 경험적 앎에 분명한 반대의 입장을 표한다. 이렇게 하여 서양철학사는 플라톤처럼 선천적인 인식을 강조하는 사람들과 소피스트처럼 경험적인 인식을 강조하는 사람들로 나누어진다. 근대철학자들 중에 합리론자들은 플라톤적인 인식이론을 경험론자들은 소피스트적인 인식이론을 사용하고 있다.

『메논』에는 상기와 관련된 재미있는 이야기가 하나 있다. 기하학에 대해서 전혀 배운 바 없는 한 노예소년이 소크라테스와의 대화를 통해서 "직각을 낀 두 변의 길이의 제곱의 합은 빗변의 길이의 제곱과 같다"라는 '피타고라스의 정리'를 알아가는 과정이 잘 드러나 있다.

물론 지금에서야 피타고라스의 정리가 웬만한 수학 교과서에 나오는 평범한 지식처럼 보이지만, 피타고라스가 이 사실을 발견하였던 기원전 6~5세기 당시에는 엄청난 수학적 발견이었다. 오죽하면 그것을 발견한 피타고라스가 감사의 표시로 하늘에 소 백 마리를 바쳤다고까지 하지 않았는가? 어쨌든 플라톤은 그러한 수학적 지식을 교육도 제대로 받지 못한 노예소년까지 알고 있다는 것을 보여줌으로써 인간은 누구나 경험적인 것을 넘어서는 선천적인 인식이 가능함을 증명하고 있다.

플라톤에 의하면, 우리 인간은 모두 이데아를 이미 알고 있다. 그런데 인간의 머리가 이데아를 알고 있다는 것은 인간이 태어나기 이전에, 즉 인간이 이 세상에 나오기 이전에 '이미' 이데아를 보았다는 것을 의미한다. 그러기에 플라톤적인 관점에서 우리가 어떤 것을 안다고 하는 것은, 이데아가 분여(分與)된 그 현실에서 초월적 이데아에 대한 기억을 되살린다는 것을 의미한다. 예를 들어, 어떤 것을 볼 때 "아, 이것을 이전에 본 것 같다"라는 '데자뷰(deja vu)'[11] 현상, 즉 '기시감(旣視感)'이 일어나는 것은 플라톤적인 상기에 대한 하나의 예라고 할 수 있다.

<매트릭스(The Matrix) 1>(1999)은 기시감을 잘 보여주는 영화이다. 아마 20세기 말에 가장 인기 있었던 영화 중의 하나일 것이다. 2199년 인공두뇌를 가진 컴퓨터(AI: Artificial Intelligence)가 지배하는 미래 세계를 그린 이 영화는 태어나자마자 인공 자궁인 매트릭스 안에 갇혀 1999년의 가상현실 세계를 살고 있는 인간들의 모습을 그리고 있다. 하지만 모든 사람들이 그러한 인공지능의 통제를 받고 있는 것은 아니다. 가상현실의 꿈에서 깨어

---

11) 데자뷰는 '이미(already)'를 뜻하는 deja와 '보았다(seen)'를 뜻하는 vu를 합해 '이미 보았다'라는 의미를 가진다. 처음 가 본 곳인데도 이전에 와 본 적이 있다고 느끼거나 처음 접하는 물건인데도 전혀 낯설지 않은 것처럼 느끼는 것을 말한다.

나 매트릭스 밖에서 진실을 알고 있던 사람들도 있다. 인류 구원을 위해서 투쟁하고 있던 모피어스와 트리니티 같은 사람들이 바로 그러한 사람들이다. 그들은 온 인류를 구원해 줄 영웅을 찾고 있었는데, 그들이 발견한 영웅이 바로 "네오"라 불리던 토마스 앤더슨이다. 그들의 도움을 받아 네오는 인류를 구원하는 영웅으로 거듭 태어난다.

영화 중반부(정확하게는 73분 지점)에는 네오가 라파예트 호텔 뒷문에서 검은 고양이 한 마리를 두 번씩이나 목격하는 장면이 나온다. 처음 고양이를 보고도 그냥 지나쳤던 네오가 이상한 생각에 다시 고개를 돌려 처음과 같은 모습을 한 고양이를 목격하는 장면이다. 네오가 경험한 이러한 현상이 바로 우리가 언급하는 데자뷰 현상의 하나로도 볼 수 있다.

네오: 환각인가?
트리니티: 방금 뭐라고 했지.
네오: 아무것도 아냐. 방금 고양이가 두 번 지나갔어.
검은 고양이가 지나갔고, 또 그것과 비슷한 고양이가 지나가는 것을 봤어.
트리니티: 똑같은 고양이였어?
네오: 그건 것 같아. 확실하지 않지만.
(그 순간 건물 어디선가에서 누군가가 주전화선을 끊는다. 그 순간 모르피스는 아팍과 스위치를 부른다.)
모르피스: 아팍! 스위치!
(스위치는 선두를 맡고, 아팍은 후미를 맡는다.)
네오: 무슨 일이지?

트리니티: 기시체험(旣視體驗)은 매트릭스 안에서 종종 생기는 사소한 오류지. 놈들이 어떤 것을 변화시킬 때 발생하지.

■ 글쓰기와 토론을 위한 읽기 자료

다음 2개의 글은 인식의 문제와 연관하여 플라톤과 로크가 쓴 글의 일부이다. 먼저 (가)는『메논』에서 플라톤이 '상기'에 대해서 언급하는 대목이다. 여기에서 플라톤은 기하학에 대한 지식이 전혀 없는 한 젊은 노예를 상대로 하여 그가 '피타고라스의 정의'를 증명해 나가는지를 보여주면서 인식은 상기임을 주장한다. (나)는『인간지성론』에서 로크가 경험주의적 인식론을 주장하는 부분이다. 여기에서 그는 데카르트의 본유관념에 반대하며 인식은 후천적인 경험으로부터 유래함을 분명히 한다. 위에서 언급한 2명의 철학자들은 "앎이란 무엇인가?"라는 문제를 놓고 서로 입장을 달리한다. 과연 참다운 앎은 경험으로부터 가능한가 아니면 상기로부터 가능한가? 한 사람의 입장에 근거해서 다른 사람의 견해를 비판적으로 생각해 보자.

(가)
말하는 사람들은 자신들이 관장하는 일들을 해명할 수 있는 것에 관심을 가졌던 모든 남녀 사제들이네. 핀다로스뿐 아니라 신적인 모든 다른 많은 시인들도 말하고, 그리고 그들이 말하는 것은 이것이네. 하지만 그들이 진실을 말하는 것으로 자네에게 보이는지 살펴보게. 그들은 인간의 영혼은 불멸한데, 삶을 마감하는 때가 있고-바로 이것을 사람들은 '죽는 것'으로 부르네- 다시 태어나는 때가 있지만, 결코 소멸하지는 않으며, 바로 이 때문에 삶을 가능한 한 경건하게 살아야만 한다고 주장하니 말일세. 말하자면-

페르세포네가 그녀의 옛 고통에 대한 대가를
받아낸 모든 자들, 그들의 영혼을 그녀는 아홉 번째 해에 저편 태양으로
다시 되돌려 보내노니,
이들로부터 고귀한 왕들과
힘이 넘치고 지혜에 더없이 밝은
자들이 성장하노라. 그리고 후세에 신성한 영웅으로
사람들에 의해 불리도다.

그리하여 영혼은 불멸할 뿐만 아니라 여러 번 태어나고 여기 지상뿐 아니라 하데스에 있는 이 모든 것들을 보았기 때문에, 영혼이 배우지 않은 것은 없다네. 그래서 탁월함에 관해서든 다른 것들에 관해서든 영혼이 어쨌든 전에 인식한 것들을 상기할 수 있다는 것은 결코 놀랄 만한 일이 아니네. 왜냐하면 자연 전체가 같은 혈통이고 영혼은 모든 것들을 배웠기 때문에, 단 하나를 상기한 사람이-이것이 바로 사람들이 '배움'으로 부르는 것이네- 그가 용감하고 탐구하는 데 지치지 않는다면 다른 모든 것을 스스로 발견하지 못할 이유는 전혀 없기 때문이지. 탐구와 배움은 결국 모두 상기니까 말일세.
(『메논』 81a-d, 이상인 역)

(나)
대체로 인간은 누구나 생각한다고 스스로 의식한다. 그리고 생각하는 동안 마음이 향하는 것은 마음에 오는 관념이므로 사람들은 의심할 여지 없이 희다, 딱딱하다, 닮다, 생각, 운동, 인간, 코끼리, 군대, 명령과 같은 몇 가지 관념을 마음에 가지고 있다. 여기에서 먼저 연구할 것은 어떻게 우리가 그러한 관념을 가지는가 하는 것이다. 나는 널리 인정되는 이론을 알고 있다. 그것은 인간은 태어나면서부터 정신 속에 날인된 본원적 낙인, 본래적 관념을 가진다는 이론이다. 이미 이 이론에 대해서 나는 1권에서 검토하였다. 따라서 이 이후에 우리의 지성이 어떻게 자신이 가지고 있는 관념에 도달하는지, 어떤 방식으로 마음에 관념이 나타나는지에 대해 내가 이야기하는 것이 더욱 쉽게 용인될 수 있을 것이다. 왜냐하면 나는 모든 사람의 그 자신의 관찰과 경험에 호소하기 때문이다.

모든 관념은 감각이나 반성으로부터 온다. 우리의 마음이 백지와 같은 것이라고 가정해 보자. 즉 우리 마음에는 모든 특성들이 결여되어 있고 그 어떠한 관념도 없다. 그런 마음에 어떻게 관념들이 채워지는가? 인간이 가진 다양하고 한계가 없는 그 관념들을 어떻게 얻게 되는가? 어떻게 그것은 이성과 지식의 재료들을 얻게 되는가? 이러한 물음에 대해서 나는 한마디로 경험이라고 이야기하겠다. 모든 지식은 바로 경험에 근거하고 있고, 그것으로부터 궁극적으로 모든 지식이 도출된다. 외부의 감각할 수 있는 대상이거나 아니면 우리 자신에 의해 지각되고 반성 되는 우리 마음의 내적 작용에 관해서 관찰은 우리 지성에 모든 사유의 재료들을 공급한다. 이 두 가지가 모든 지식의 기초이다. 그것으로부터 우리가 갖고 있는 모든 관념이 자연스럽게 일어난다. (『인간 지성론』 제2권 중에서)

(3) 영혼불멸에 대하여

그리스에서 인간 영혼에 대한 언급은 피타고라스로부터 시작된다. 잘 알려졌듯이, 피타고라스는 에게 해 사모스 섬에서 출생하여 남이탈리아의 그리스 식민지 크로톤, 메타폰티온 등에서 활

동한 철학자 겸 수학자이다. 영혼과 연관하여, 그는 인간 영혼의
윤회를 믿었으며 영혼 정화를 위하여 음악이나 수학과 같은 순
수한 학문을 강조하였다. 아울러 육식을 금하기도 하였다. 다음
단편은 피타고라스와 연관된 것이다.

23. 헤로도토스(DK14A1)

그리고 이집트인들은 다음과 같은 이야기를 처음으로 한 사람
들이다. 즉 사람의 혼은 불사적이며 몸이 소멸할 때면 그때마
다 태어나는 다른 동물 속으로 들어가고, 육지나 바다에서 살
거나 날아다니는 모든 짐승을 거쳐 윤회하고 나면, 태어나는
사람의 몸속으로 다시 들어간다는 것이다. 그리고 그들은 혼에
있어 그 윤회(periēlysis)가 3,000년에 걸쳐 이루어진다고 한다.
헬라스인들 가운데 어떤 이들은 앞서서, 어떤 이들은 나중에 이
이야기를 마치 자신들의 것인 양 이용했다. 나는 그들의 이름을
알지만 기록하지는 않는다. (≪역사≫ Ⅱ. 123, 김인곤 외 역)

24. 포르퓌리오스(DK14A2)

내가 헬레스폰토스와 폰토스에 사는 헬라스인들에게서 들은
바로는, 이 살목시스(Salmoxis)는 사람으로서 사모스에서 노예
살이를 했는데, 므네사르코스의 아들인 피타고라스에게 노예살
이를 했다. 거기에서 그는 자유인이 되어 많은 돈을 벌었고,
돈을 번 뒤에 자신의 나라로 되돌아갔다. 그런데 트라케 사람
들은 못살았고 아주 무분별했지만, 이 살목시스는 헬라스인들
및 헬라스인들 중 아주 빼어난 현자인 피타고라스와 교제했으
므로, 트라케적인 것보다는 더 깊이가 있는 이오니아적인 삶의
방식과 성격을 알고 있었다. 그래서 그는 연회장을 짓고 도시
들의 지도자들을 그곳으로 맞아들여 융숭하게 대접하면서, 그
자신도 그의 술손님들도 그리고 끊임없이 이어지는 이들의 자

손들도 죽지 않을 것이고, 영원히 살아남아 온갖 좋은 것을 소유할 곳으로 가게 될 것이라고 그들에게 가르쳐주었다. (≪역사≫ Ⅳ. 95, 김인곤 외 역)

피타고라스에게 있어 인간 영혼은 불멸적인 것이다. 플라톤은 영혼에 대한 피타고라스의 이러한 생각을 계승·발전시켜 자신의 영혼불멸사상으로 체계화한다. 영혼은 사라지지 않기에, 영원한 지식의 대상인 이데아를 파악할 수 있다. 왜냐하면 영혼만이 과거의 모든 것들을 기억하기 때문이다. 또한 인간 영혼은 참된 지식의 전달자이기도 하다. 사실 플라톤의 이데아는 인간 정신이 만들어낸 것이 아니다. 그것은 이미 있었던 것이다. 즉 주관적인 것이 아니라 객관적인 것이다. 이런 영원불멸하는 이데아는 상기의 대상이다.

그런데 이러한 영혼불멸사상은 자연스럽게 '내세적 세계관'과 연결된다. 인간의 삶은 죽음을 끝으로 완전히 소멸되는 것이 아니라 그 후에도 계속해서 지속된다. 비록 과학적 사고에 익숙한 현대인들에게는 플라톤과 피타고라스의 이러한 생각들이 신화적으로 비칠 수도 있겠지만, 인간의 삶을 우주와 연관시켜 보고자 하는 고대인들에게 그것은 아주 자연스러운 현상이었다. 봄이 가면 여름이 오고, 또한 차가운 겨울이 지나가면 다시 따뜻한 봄날이 오듯이, 고대의 철학자들은 우주 속에서 생명의 순환운동이 지속된다고 보았다. 그리고 그것을 자신들의 삶의 조건으로 인정하였다. 이렇듯, 내세적 세계관은 영혼불멸사상과 밀접한 관계를 가지고 있다.

피타고라스와 플라톤을 중심으로 하는 그리스인들의 내세관이 불교의 내세관과 연결되어 있다는 흥미 있는 주장이 있다. 이러한 학설을 주장하는 사람들은 기원전 2세기에 나온『밀린다 팡하(Milinda-panha)』라는 책에 근거해 그러한 주장을 펼친다. 중국에서는『밀린다왕문경(彌蘭陀王問經)』또는『나선비구경(那先比丘經)』으로 불리기도 하는 이 책은 그리스 계의 박트리아(프랜시스ctria: 기원전 246~기원전 138) 왕국, 그러니까 지금의 아프가니스탄 지역 일대를 통치하던 나라의 메난드로스(Menandros) 왕과 당대의 대표적인 학승이었던 나가세나(Nagasena)와의 대화를 기록한 책이다.

대화의 주제는 주로 '영혼'과 '윤회'의 문제이다. 그런데 우리의 흥미를 끄는 이 책은 놀랍게도 플라톤의 대화편을 연상시키는 소크라테스의 문답법적 담론구조를 보여주고 있다. 알렉산더 대왕의 원정과 함께 그리스의 문화가 간다라 지방에까지 전파되었다는 것은 누구나 아는 이야기겠지만, 그리스 철학까지도 이곳 박트리아에 전파되었다는 것은 놀라운 일이 아닐 수 없다. 특히, 그리스 문명이 인류 문명 사상 최초로 인도 문명과 만난다는 것은 문명의 충돌(clash of civilizations)이 국제사회의 보편적인 현상인 양 간주되는 현대 사회에서 문명의 공존(coexistence of civilizations)을 가능하게 하는 하나의 모델로서 기능할 수 있을 것이다.

■ 글쓰기와 토론을 위한 읽기 자료

다음은 영혼불멸과 연관된 3개의 글이다. 먼저 (가)는 디오게네스 라에르티오스가 쓴 『철학자 열전』 중 피타고라스의 영혼불멸 사상과 연관된 이야기이고, (나)는 플라톤의 『파이드로스』 중에서 영혼불멸을 언급하는 대목이다. 그리고 (다)는 플라톤의 『파이돈』 중에서 영혼불멸을 주장하는 소크라테스에 맞서 영혼불멸에 대해 강한 의구심을 제기하는 심미아스의 말을 옮긴 것이다. 앞의 두 글은 영혼불멸에 대해서 긍정적인 입장을 취하고 있는 데 반해서, 마지막 글은 영혼불멸에 대해서 부정적인 입장을 보인다. 영혼이란 과연 무엇인가? 그리고 그것은 불멸하는가? 위에서 언급된 2개의 입장 중에서 한 입장을 선택하여 자신의 생각을 논하라. 단 반대되는 입장에 대한 비판적인 접근도 시도하라.

(가)

한편, 폰토스의 헤라클레이데스가 쓰고 있는 바에 따르면 이 사람(피타고라스)은 자기 자신의 일에 대해서 늘 다음과 같이 말하고 있었다는 것이다. 즉 그는 일찍이 아이타리데스라는 이름의 인간으로 이 세상에 태어난 것인데 헤르메스(Hermes)(신)의 아들로 믿어지고 있었다. 그리고 헤르메스는 그에게 불사(不死) 이외의 일이라면 무엇이든 소망하는 것을 택해도 좋다고 말했기 때문에 그는 살아 있는 동안이나 죽은 뒤에도 자기의 신상에 일어난 사건의 기억을 유지할 수 있게 해 달라고 부탁을 했다. 이렇게 해서 그는 살아 있는 동안은 온갖 것을 확실하게 기억해둘 수 있었고 또 죽은 뒤에도 같은 기억을 유지할 수 있었던 것이다. 그러나 그 뒤 세월이 지나 그(의 혼)는 에어포르보스란 사람에 들어가 다시 태어났는데, 어느 때 메넬라우스에 의해 상처를 입었다. 그런데 이 에어포르보스는 자신은 일찍이 아이타리데스란 이름의 인간이었던 것과 헤르메스로부터 어떤 선물을 받았다는 것, 또 자기영혼의 편력(전생)이 어떻게 이루어지고, 얼마나 많은 동물이나 식물로 다시 태어났는지 모른다는 것, 그리고 자신의 영혼은 하데스(저승)에서 얼마나 고난을 겪었는지 모른다는 것, 타인들의 영혼도 얼마나 고난을 견뎌내려고 했는지 모른다는 것을 늘 말하고 있었던 것이다. (디오게네소스 라에르티오스의 『철학자 열전』 중에서, 전양범 역)

(나)

영혼의 불사에 대해서는 지금까지 말한 것으로 충분하네. 그것의 형태에 대해서는 다음과 같이 말해야 하네. 영혼이 어떤 것인지는 어느 모로 보나 전적으로 신에게 속하는 긴 서술의 대상이지만, 그것이 무엇과 비슷한지는 인간에게 속하는 짧은 말로 설명할 수 있겠네. 그러니 이렇게 말해보기로 하세. 영혼은 날개 달린 한 쌍의 말과 마부가 합쳐져서 이루어진 능력과 같다고 해보세. 그런데 신들의 말들이나 마부들은 모두 좋고 좋은 혈통에서 태어났지만, 다른 것들의 경우에는 뒤섞여 있네. 첫째로 우리의 경우 (마차를) 이끄는 자는 한 쌍의 말을 이끌며, 둘째로 두 필의 말 가운데 하나는 그가 보기에 아름답고 좋으며 그런 종류의 성질들을 타고난 데 반해, 다른 말은 그 반대의 성질을 타고났고 다른 쪽 말과 정반대지. 그래서 우리의 마차여행은 어쩔 도리 없이 어렵고 불만스러울 수밖에 없네. 그러면 어떻게 해서 생명체가 죽는 것과 죽지 않는 것으로 불리게 되었는지 말해야겠네. 모든 영혼은 생명이 없는 것 전부를 돌보는데, 시시각각 형태를 바꾸면서 온 하늘 주위를 돌아다니지. 그러다가 완전한 상태에서 날개가 있을 때 영혼은 공중으로 올라가 온 우주를 다스린다네. 하지만 날개를 잃으면, 영혼은 무언가 단단한 것을 얻을 때까지 추락해 거기에 머물면서 흙으로 된 육체를 취하는데, 육체는 영혼의 능력에 힘입어 마치 자기 자신을 움직이는 것처럼 보이고, 영혼과 육체가 결합된 그 전체는 생명체라고 불리며 죽는 것이라는 이름을 얻었네. 하지만 "죽지 않는"이라는 논리적으로 추론된 어떤 근거에 의거해서 쓰이는 것은 아니지만, 비록 신이 죽지 않는 생명체이고, 신은 영혼과 육체를 갖지만 이 둘은 영원한 시간 동안 본성적으로 함께 결합되어 있다고 생각하네. (『파이드로스』 246a-c, 조대호 역)

(다)

누군가가 리라와 현들의 '조율된 조화'에 관련해서도 같은 주장을 펼 수 있을 것이라는 점에서죠. 즉 조율된 조화란 볼 수 없고 물질적이지 않으며 아주 아름다운 어떤 것이며 조율된 리라에 있어서 신적인 것이지만, 리라 자체와 현들은 물체들이며 물질적인 성질의 것들이고, 복합적인 것들이요, 지상의 것들이며 죽게 마련인 것과 동류의 것들이라는 것입니다. 따라서 누군가가 리라를 부수거나 현들을 자르고 툭 끊을 경우에, 만약에 누군가가, 선생님처럼, 저 조율된 조화는 여전히 있으며 소멸하지 않았음이 틀림없다고 하는 같은 주장을 고수한다면, ─현들이 툭 끊기면, 리라와 현들이, 사멸하는 성질의 것들인 터에, 여전히 존재할 아무런 방도도 없지만, 신적이며 사멸하지 않는 것과 같은 성질의 것이며 동류의 것인 조율된 조화는 소멸해버리니까요. 그것도 사멸하는 것에 앞서 소멸해버리는 겁니다─그는 이 조율된 조화가 어딘가에 여전히 존재하는 게, 그리고 이것이 무슨 일을 겪기 전에 그것의 나무와 현들이 먼저 썩어버릴 게 필연적이라고 말하겠죠. 소크라테스 선생님! 실은 선생님께서도 우리가 혼을 무엇보다도 그와 같은 어떤 것이라 이해하고 있다는 생각을 스스로 하셨다고 저로서는 믿으니까요. 우리의 몸이 긴장된 상태로 있으면서 뜨거움과 차가움, 건조함과 습함, 그리고 이와 같은 어떤 것들에 의해 결합되어 있듯, 바로 이것들의 혼합과 조화가 우리의 혼이라는 거죠. 그야 이것들이 서로 훌륭하게 그리고 적절하게 혼합되었을 경우이고요. 그러므로 만약에 혼이 일종의 조화라면, 우리의 몸이 적절하게 이완되거나 질병들이나 그 밖의 다른 나쁜 것들로 시달리게 될 경우에는, 혼이 비록 가장 신적인 것이라 할지라도, 곧 소멸할 게 필연적이라는 것은 명백합니다. 곡조들에 있어서나 장인들의 온갖 작품들에 있어서의 조화들처럼 말씀입니다. 반면에 각각의 몸에서 남아 있게 되는 부분들은, 태워버리게 되거나 썩을 때까지는, 오랫동안 남아 있습니다. 그러니 만약에 누군가가 혼은 몸에 있어서의 요소들의 혼합이어서 이른바 죽음을 맞아 맨 먼저 소멸하는 것이라고 주장한다면, 이 주장에 대해서 우리가 뭐라 말할 것인지 생각해 보십시오. (『파이돈』 85e~86d, 박종현 역)

3. 국가, 너는 도대체 무엇이냐?

1) 왜 이야기 속에 이야기가 있는가?

소설의 구성 방식 중에 액자소설(額子小說)이란 것이 있다. 작품에 드러난 주된 이야기 속에 또 다른 이야기가 있는 것을 말한다. 예로부터 이야기를 다각적으로 펼쳐나갈 수 있도록 설계된 소설 구성의 하나로 자리 잡고 있다. 김동인의 『배따라기』나 김 승옥의 『환상 수첩』 또는 이청준의 『병신과 머저리』 등은 이러 한 글쓰기의 방식에 따라 만들어진 작품이다.

플라톤의 『국가』 역시 액자소설의 형식을 취하고 있다. 이야 기 속에 또 다른 이야기가 전개되고 있는 것이다. 특히 안에 있 는 이야기가 밖에 있는 이야기보다 더 중요하고 심오하게 구성 되어 있다. 상호 대칭적인 구성과 고도의 작품성으로 이미 정평 이 나 있는 『국가』는 그 명성에 걸맞게 그 구조 또한 치밀하다. 아마도 이런 점이 플라톤을 철학사상 가장 예술적인 철학자로 자리매김하는 데 기여하였을 것이다.

전체 10권으로 이루어져 있는 『국가』는 내용상 크게 세 부분 으로 나누어진다. 그런데 여기에서 제1권은 별도로 생각해야 한 다. 왜냐하면 제1권은 나머지 것들과 달리 초기에 쓰였기 때문이 다. 그러기에 제1권은 등장인물 트라시마코스의 이름을 따 『트라 시마코스』라고도 불리기도 한다. 어쨌든 제1권은 구조분석에서 는 제외된다.

러시아에 가면 마트로시카(Matryoshka)라 불리는 재미있는 러 시아인형이 있다. 닭이나 곡식을 안은 채 전통의상을 입고 있는 여성들이 등장하는 것이 마트로시카의 전형적인 모습이며 러시 아에서는 다산과 풍요를 기원하는 공예품으로 널리 알려졌다. 그 런데 이러한 마트로시카 인형이 플라톤의 『국가』를 분석하는 데

많은 아이디어를 준다.

제1 마트로시카는 제2~3권과 제10권이다. 대화편의 가장 바깥 부분을 형성하고 있는 것들이다. 주제는 시인들에 대한 비판과 신화에 관한 것이다. 하지만 이것은 단순한 예술 비판만은 아니다. 왜냐하면 거기에서 플라톤은 아테네의 교육 시스템 전반에 대한 비판을 행하고 있기 때문이다. 즉 그는 호메로스로 대표되는 시인들의 이야기가 정치지도자 교육에는 과연 어느 정도 효과가 있는지를 심각하게 고민하고 있는 것이다. 또한 그는 자신의 논지를 신화에 근거하고 있는데, 사후세계와 연관된 에르(Er) 신화[12]가 바로 그것이다.

제2 마트로시카는 제3~4권과 제8~9권이다. 대화편의 중간 부분을 형성하고 있다. 『국가』에서 상호 대칭적인 구조가 가장 선명하게 드러나 있는 부분이다. 플라톤의 치밀한 글쓰기가 빛을 발하는 곳이기도 하다. 이 부분의 주제는 정치지도자 교육과 국가의 기원에 관한 것이다. 전반부에는 수호자 교육과 국가의 기원에 관한 이야기들이 있으며, 후반부에는 이상 국가로부터 타락한 국가들의 유형들이 상세하게 언급되어 있다. 제4권에서는 올바른 나라가 구성되기 위해서는 나라를 구성하는 세 가지 요소인 통치자와 수호자 그리고 일반 시민들이 각자 자신에게 주어진 일을 최선을 다해 수행해야 하며, 국가의 올바른 상태와 개별

---

12) 아르메니오스의 아들로서 팜필리아 종족이다. 전투에서 죽었으나 12일 만에 되살아나 12일 동안 자신이 저승에서 본 것들을 이야기해준다. 올바른 삶을 산 사람은 죽고 나서도 보상을 받는다는 그런 내용이 주를 이룬다.

영혼의 올바른 상태는 상호 유기적으로 연결되어 있다는 주장을 펼치고 있다. 제8~9권에서는 "최선자정체"로부터 타락한 국가들인 "명예지상정체", "과두정체", "민주정체", "참주정체"와 그러한 국가들을 닮은 각각의 인간 유형들을 고찰하고 있다.

제3 마트로시카는 『국가』의 한가운데 있는 세 권의 책, 즉 제5권과 제6권 그리고 제7권이다. 대화편의 핵심을 차지하고 있는 부분이다. 마트로시카로 이야기하자면 가장 은밀한 곳에 숨겨진 인형이라고 할 수 있다. 우리가 일반적으로 알고 있는 플라톤 철학은 모두 여기에서 언급된다고 해도 과언이 아닐 정도로 이 부분은 플라톤 사상의 핵심이다.

무엇보다도 가장 먼저 우리의 눈을 사로잡는 것은 제5권에 나오는 '처자공유론'이다. 나라를 지키는 수호자 계급에서는 사적인 의미에 있어서의 가족 개념이 완전히 거부되어야 한다는 플라톤의 생각이 함축된 아이디어이다. 비록 현대적인 시각에서 볼 때는 납득이 가지 않는 별난 정책이지만 플라톤은 수호자 계급에서만큼은 이것을 실현시키고자 노력하였다. 왜냐하면 국가를 통치하는 사람들이 '내 마누라', '내 자식'만을 염두에 둔다면 그러한 나라는 금방 붕괴되고 말 것이라는 것이 플라톤의 생각이기 때문이다. 그렇기에 이것은 아테네 정치 현실에 대한 플라톤의 단호한 비판의 하나로 읽어야 한다.

제6권에서는 '태양의 비유'와 '선분의 비유'를 통해서 '좋음의 이데아'가 설명된다. 주지하다시피, 좋음의 이데아는 국가의 통치자인 최선자들이 가장 중요하게 배워야 할 것이다. 그러한 좋음의 이데아가 어떠한 것인지를 설명하기 위해서 태양의 비유가 사용되고, 우리가 아는 대상들과 우리의 인식의 상태가 어떻게 연관되어 있는지를 설명하기 위해서 선분의 비유가 사용된다. 이 세 비유는 유기적으로 연결되어 있다.

그런데 비유 중의 비유는 뭐니 뭐니 해도 제7권에 등장하는 '동굴의 비유'일 것이다. 플라톤 철학을 조금이라도 공부한 사람 치고 이 비유를 모르는 사람은 없을 것이다. 하지만 그 비유가 제시하는 의미를 정확히 꿰뚫고 있는 사람 또한 그리 많지 않을 것이다. 무엇보다도 동굴의 비유는 지식인의 이론적인 삶과 실천적인 삶이 통합되어야 한다는 메시지를 전해주고 있다. 선분의 비유가 다분히 앎의 문제에 집중하는 데 반해서, 동굴의 비유는 실천의 문제에 초점을 맞추고 있다. 그리고 개인의 구원보다는 온 인류의 구원을 강조하고 있다. 왜냐하면 동굴 밖으로 나가 참된 진리를 파악한 철학자는 반드시 동굴 안으로 돌아와야 하기 때문이다. 이처럼 동굴의 비유에서 플라톤은 상승과 하강, 그리고 탈출과 회귀의 변증법을 보여주고 있다. 그리고 이것은 『국가』 전체의 메시지이기도 하다.

■ 『국가』의 각 권들은 어떤 이야기를 들려주나?

10권으로 이루어진 『국가』를 구조적으로 분석해보면, 왜 『국가』가 고전 중의 고전임을 이해할 수 있다.

제1권 올바름에 관한 세 가지 견해를 음미하라

소크라테스는 글라우콘과 함께 피레우스 항에 가서 벤디스 (Bendis) 여신의 축제를 구경하고 오다가 폴레마르코스의 초청으로 그의 집을 방문한다. 거기에서 그는 폴레마르코스의 아버지인 케팔로스, 그리고 당대 최고의 소피스트 중의 한 사람인 트라시마코스와 함께 올바름의 본질에 대해서 깊은 이야기를 나눈다. 시라쿠사 출신의 거류민인 케팔로스는 전통적 도덕관을 소유한 보수적 성향의 인물이다. 그는 올바름이 "정직함과 남한테 갚을 것을 무조건적으로 갚는 것"이라고 생각한다. 소크라테스와는 그렇게 길게 논쟁하지는 않으며, 그의 뒤를 이어 아들 폴레마르코스가 등장한다. 그는 시인 시모니데스의 규정에 입각해 올바름을 "각자에게 합당한 것을 주는 것"이라고 규정한다. 하지만 그의 주장은 소크라테스에 의해서 철저하게 음미 된다. 이때 트라시마코스가 등장하여 소크라테스와 논쟁을 벌인다.

흑해 입구의 칼케돈 출신인 트라시마코스는 등장하자마자 올바름이란 "더 강한 자의 편익"이라는 센 주장을 펼친다. 그의 주장의 근거는 정권을 장악한 사람은 자신에게 편익이 되는 법을 만들고 또한 그것을 피지배자들에게 강요한다는 데 있다. 사실 그 당시에는 법이란 것이 올바른 것과 올바르지 않은 것을 결정한다. 하지만 소크라테스는 모든 기술은 기술 자신보다는 기술의 대상이 되는 것에 더 많은 이득을 가져다준다는 논리로 그를 반박한다. 이에 트라시마코스는 생각을 바꾸어 "올바름은 남에게 좋은 것이며 자신에게는 해가 되는 것"이라 주장한다. 당연히 올바르지 못한 것은 자신에게는 좋은 것이 된다. 하지만 소크라테스는 어떠한 공동체라도 그 공동체가 유지되기 위해서는 올바름이 준수되어야 한다고 반박한다. 즉 올바른 것이 올바르지 못한 것보다 더 강하다는 그런 말이다. 이렇게 하면서 소크라테스는 트라시마코스를 궁지에 몰아넣는다.

힘든 과정을 거쳐 소크라테스와 트라시마코스는 올바름이 올바르지 못함보다 더 이익이 되고, 나아가 올바른 사람은 행복하나 올바르지 못한 사람은 그렇지 못하다는 데에 어느 정도 의견의 일치를 본다. 이것이 1권의 주된 이야기이다.

제2권 국가는 어떻게 수립되는가

제2권에서 글라우콘은 트라시마코스가 포기한 주장을 되살려 소크라테스와 대결한다. 글라우콘은 소피스트는 아니나 소피스트적인 도덕관을 소유한 사람이다. 실용주의자이기도 하다. 그런데 흥미로운 것은 그가 플라톤의 형이라는 사실이다. 비록 『국가』가 플라톤의 철학적 문학작품이긴 하나, 그가 자신의 형의 입을 통해서 트라시마코스의 욕망과 권력의 철학을 대변하게 하고 있는 것이다. 논의에 들어가기 전에, 글라우콘은 좋은 것들에는 다음 세 가지가 있다고 말한다. '그 자체로 좋은 것'과 '그것에서 생기는 결과 때문에 좋은 것', 그리고 '그 자체 때문만이 아니라 그것에서 생기는 결과 때문에도 좋은 것'. 그다음에 그는 소크라테스로부터 올바름이 세 번째 것에 속한다는 답변을 듣고, 아데이만토스(플라톤의 형)와 함께 올바름이란 그 자체로는 기피할 만한 성질의 것이지만 그것이 가져다주는 보수나 평판 따위의 결과 때문에 사람들이 좋아한다고 하면서, 소크라테스에게 저항한다. 아울러 올바르지 못한 사람이 누리는 행복이 올바른 사람이 누리는 행복보다 더 낫다고 하면서, 소크라테스의 적극적인 반론을 요구한다. 이렇게 하여 소크라테스와 글라우콘의 논전은 심화된다.

먼저, 글라우콘은 '기게스의 반지' 이야기를 통해서 자신의 논지를 강화시키고자 한다. 그가 이 신화를 언급하는 이유는 올바른 사람일지라도 기게스의 반지와 같은 엄청난 권력이 주어진다면 올바르지 못한 짓을 저지를 수 있는 가능성이 있다는 것을 주장하고 싶었기 때문이다. 마치 영화 「반지의 제왕」에서 착한 스미골이 절대반지의 힘에 굴복해 악한 골룸으로 바뀌어버렸듯이 말이다. 소크라테스는 올바름에 대한 논의를 본격화하기 위해 국가의 기원에 대한 논의로 이행한다. 그런데 국가의 성립 과정은 필연적으로 영토의 확장과 그에 따른 전쟁을 수반할 수 있다. 그러기에 국가에는 나라를 잘 수호하고 다스릴 수 있는 수호자 계층들이 필요하다. 철인 왕도 이 수호자 계층에서 선발된다. 수호자들을 육성하기 위한 교육 시스템이 중요한 문제로 대두된다. 그래서 수호자에 적합한 아이들의 신체를 훈련시키는 데에는 체육 교육이, 영혼을 훈련시키는 데에는 시가 교육이 중요한 과목으로 채택된다. 특히 시가 교육에 있어서 내용의 건전성은 플라톤이 많은 관심을 기울였던 것이기도 하다.

제3권 수호자들을 어떻게 교육시킬 것인가

제3권에서 소크라테스는 시가를 가지고 어린이들을 교육시킬 때 염두에 두어야 할 것들을 이야기하고 있다. 무엇보다도 그는 시인들이 죽음과 저승 그리고 영웅들에 대해서 이야기할 때 지켜야 할 규범들을 언급되고 있다. 시가의 이야기 투와 이야기 전개 방식, 특히 시가의 노랫말, 선법과 리듬 그리고 악기에 관한 자세한 비판들이 언급되고 있다. 시가 교육 뒤에 체육 교육에 관한 논의도 이어진다. 그런데 체육 교육은 단순한 신체 훈련이 아니라 인간의 영혼까지 업그레이드시킬 수 있는 그러한 것이어야 한다는 것이 강조되고 있다. 그리하여 시가 교육과 체육 교육의 결과, 인간 영혼이 온전히 조화롭게 되는 것이 수호자 교육의 궁극적인 목표라고 언급된다. 이러한 교육 과정을 거쳐 수호자들이 탄생하는데, 그 가운데에서도 온전한 수호자들, 즉 통치자들은 온갖 종류의 시험을 거쳐서 선발된다. 그리고 그렇게 선발된 수호자들은 자신의 사적인 재산을 포기한 채 공동체 생활을 하게 된다. 오늘날 공직자들의 롤-모델이기도 하다.

제4권 국가의 올바름은 무엇이고 사람의 올바름은 무엇인가

제4권에서 아데이만토스는 소크라테스에게 나라의 수호자들로 선발된 사람들이 오히려 불행하지 않겠느냐고 지적한다. 이에 대해, 소크라테스는 국가의 수립 목적을 이야기한다. 그에 의하면, 국가가 수립된 목적은 국가 전체의 행복을 최대한 실현시켜 주는 것이다. 그리고 그러한 국가에서 올바름은 실현될 수 있다. 그런데 무엇보다도 국가의 올바름이 성취되기 위해서는 국가를 구성하는 사람들, 즉 통치자들과 수호자들 그리고 일반 시민들이 각자 자신이 맡은 일을 충실히 수행하는 것이 무엇보다 필요하다. 아울러 그들이 지닌 각각의 덕목, 즉 통치자들의 '지혜', 수호자들의 '용기' 그리고 일반 시민들의 '절제'가 국가라는 전체 틀 속에서 조화롭게 될 때, 그것이 바로 국가의 '올바름'이 되는 것이다.

국가에 올바름이 있듯이, 개인의 영혼에도 올바름이 있다. 알려졌듯이, 소크라테스는 개인의 영혼을 이성적인 부분, 기개적인 부분, 그리고 정욕적인 부분으로 나눈다. 이성적인 부분은 완전하나, 정욕적인 부분은 불완전하다. 기개적인 부분은 그 중간에 있다. 영혼이 지닌 이 세 부분의 조화 속에 개인 영혼의 올바름은 온전하게 드러날 수 있다. 그런데 잘못된 국가의 네 가지 유형과 그것을 닮은 인간 영혼에 대한 언급은 본격적으로 논의되지 않은 채, 후반부로 미루어진다. 그것을 제8권과 9권에서 전개된다. 이처럼 제3~4권과 제8~9권은 대칭적 구조를 이루고 있다.

제5권 철인 왕이 지배하라

제5권에서 글라우콘은 소크라테스에게 처자공유의 문제와 그것에 따른 혼인 및 출산의 문제에 대한 설명을 요구한다. 이에 소크라테스는 남녀는 신체적인 능력의 차이를 제외하고는 수호자로서 동일한 의무를 져야 한다고 말한다. 그런데 처자공유에 대한 소크라테스의 논의 이면에는 남녀평등에 대한 플라톤의 강한 신념이 들어 있다. 동일한 교육의 기회가 주어지기 때문이다. 그 당시로써는 혁명적인 발상이라 아니 할 수 없다. 어떤 학자들은 여기에서 플라톤의 페미니즘 사상을 읽기도 한다. 하여튼 플라톤은 교육의 기회와 국가 수호의 의무에 있어서 원칙적으로 남녀 모두에게 동일한 기회가 부여되어야 한다는 열린 생각을 가지고 있었음에 틀림없다.

이러한 논의 다음으로 플라톤은 철인 왕의 통치를 언급한다. 사실 처자공유의 문제가 이상 국가의 패러다임을 정초시키기 위한 사전 작업이었다면, 철인 왕의 통치 문제는 이상 국가의 현실성을 구체화하기 위한 본격적인 논의이다. 여기에는 현실적인 통치 권력과 철학자의 지혜는 통합되어야 한다는 플라톤의 전제가 깔려 있다. 이처럼, 지혜를 소유한 참된 통치자에 대한 열망은 플라톤 시대뿐만 아니라, 오늘날 우리에게도 절실한 요구이기도 하다.

제6권 좋음의 이데아를 인식하라

제6권에서는 국가 경영과 관련된 패러다임적 실재를 인식하고자 하는 철학자들이 국가의 통치자가 되어야 한다는 것을 말하고 있다. 아울러, 그러한 철학자가 어떠한 성향을 가지고 있는지도 논의되고 있다. 그런데 현실적으로 철학에 대한 일반인들의 생각은 매우 부정적이다. 그들이 보기에, 철학이란 젊어서 잠깐 해볼 만한 일이지, 평생 시간을 투자해서 해야 할만한 가치 있는 것은 아니기 때문이다. 요즘에도 마찬가지이겠지만, 그 당시에도 철학에 대한 생각은 부정적이었던 것 같다. 하지만 그럼에도 불구하고 나라가 제대로 경영되기 위해서는 철학 교육을 받은 훌륭한 통치자가 있어야만 한다는 것은 고대인들이나 현대인들 모두 공감하는 부분이라 생각한다.

이에 따라, 철학 교육을 통해 훌륭한 통치자를 길러 내기 위한 제도적 프로그램이 강조된다. 그 가운데에서도 '좋음의 이데아'에 대한 공부는 가장 중요하다. 왜냐하면 좋음의 이데아는 모든 것을 행하게 하는 원동력이자 모든 영혼이 추구하는 바로 그것이기 때문이다. 그런데 소크라테스는 좋음의 이데아에 대한 직접적인 정의는 보류한다. 대신에, 그는 신화적 비유를 통하여 이것을 설명한다. '태양의 비유'와 '선분의 비유' 그리고 제7권의 '동굴의 비유'가 바로 그것이다.

제7권 철인 왕을 만들자

제7권에서 소크라테스는 그 유명한 '동굴의 비유'를 이야기한다. 태양의 비유와 선분의 비유를 통해서 언급된 좋음의 이데아와 앎의 대상들 및 앎의 상태에 대한 도식적인 설명 대신에, 이 동굴의 비유에서는 좋음의 이데아에 대한 입체적이고도 심오한 설명을 시도한다. 잘 알려졌듯이, 동굴의 비유에서 동굴 안은 우리의 현상 세계를 그리고 동굴 밖은 참된 실재 세계를, 그리고 동굴 안에 갇혀 있는 죄수는 우리 인간들, 더 정확하게는 철학자들을 가리킨다. 동굴 안의 죄수가 빛을 찾아 동굴 밖으로 나가듯이, 철학자도 진리를 찾아 나가야 한다. 그리고 동굴 밖에서 태양의 빛을 목격한 죄수가 동굴 안으로 다시 돌아왔듯이, 진리를 깨달은 철학자 역시 자신이 깨달은 진리를 다른 모든 사람들과 공유해야 한다.

철인 통치자가 되기 위한 교육 프로그램 중에서 가장 힘든 과정은 변증법 교육이다. 고난도의 교육 과정이며 각별한 주의가 요구된다. 이 과정이 끝난 뒤에는 오랫동안 행정 실무 훈련을 해야 한다. 이론적 훈련과 실천적 훈련을 모두 끝낸 뒤에, 최선자들은 좋음의 이데아를 관조하면서 국가 경영에 참여한다. 돌아가면서 나랏일을 보고 통찰력이 떨어지면 다른 최선자에게 자신의 자리를 내어준다. 그러고는 다시 좋음의 이데아를 관조한다.

제8권 국가도 타락하고 영혼도 타락하고

제8권에서는 제4권과 제5권에서 마무리되지 않았던 잘못된 국가의 네 가지 유형들과 그것들을 닮은 인간 영혼의 유형들에 대한 언급이 재개된다. 먼저, 최선자[들의]정체가 타락하여 형성된 국가의 4가지 유형들이 제시된다. 첫 번째 타락한 국가 형태는 '명예 지상정체'이다. 명예를 제일로 치는정체이다. 승리에 대한 욕구와 돈에 대한 욕망이 대단하다. 영혼의 기개적인 부분이 이성적인 부분을 장악하기 때문에 발생한다. 두 번째 타락한 국가의 형태는 '과두정체'이다. 가진 자와 가지지 못한 자들이 끝없이 대립하는정체이다. 주로 가진 자들이 지배한다. 세 번째 타락한 국가의 형태는 '민주정체'이다. 가지지 못한 자들이 가진 자들을 누르고 지배하면서 형성되는 국가의 형태이다. 멋대로 할 수 있는 자유가 보장되는 국가이기도 하다. 마지막으로 등장하는 국가의 형태는 '참주정체'이다. 개인적 욕망만을 충족시키고자 하는 참주가 등장하는 시기가 바로 이때이다. 민중을 못살게 굴고 착취하며 나라 살림을 거덜 나게 한다. 플라톤이 가장 사악하게 묘사하고 있는정체이기도 하다. 이것과 더불어, 소크라테스는 타락한 국가를 닮은 인간 영혼들을 언급한다. 명예정체를 닮은 인간 영혼들, 과두정체를 닮은 인간 영혼들, 그리고 민주정체를 닮은 인간 영혼들이 그것이다. 하지만 참주정체를 닮은 인간 영혼들에 대한 언급은 다음 권으로 미루어진다.

제9권 올바른 사람이 올바르지 못한 사람보다 더 행복하다

제9권에서는 제8권에서 마무리되지 않았던 참주정체를 닮은 인간 영혼들에 대한 이야기로부터 시작된다. 소크라테스에 의하면, 이러한 인간들은 영혼의 이성적인 부분보다 욕구적인 부분의 지배를 강하게 받는 사람들이다. 인간으로서는 상상할 수 없는 온갖 악행과 범죄를 저지르는 사람들이기도 하다. 이어, 소크라테스는 올바르지 못한 짓을 하는 것이 올바른 짓을 하는 것보다 더 큰 이익을 얻는다고 하였던 글라우콘과 아데이만토스의 주장에 대해서 음미한다. 이 음미는 크게 세 갈래로 이루어지는데, 그 첫 번째는 최선의 인간인 철인 통치자와 비교해 볼 때 참주정체적 인간들이 가장 사악하고 가장 비참한 사람들이라는 것이 언급된다. 다음으로 소크라테스는 인간 영혼의 세 가지 부분들이 누리는 즐거움을 비교 분석하면서 참주정체적 인간들의 삶이 가장 불행한 삶임을 논증한다. 마지막으로 소크라테스는 즐거움 자체에 대한 비교 분석을 통해서 두 번째 논의를 심화시켜 나간다. 아울러 그는 자신의 논지를 강화시킬 목적으로 최선자정체의 인간들이 참주정체적 인간들보다 729배나 더 즐겁게 산다는 수치를 제시하기도 한다.

제10권 시인은 추방되고 영혼은 불멸한다

마지막 제10권은 두 가지 내용을 다루고 있다. 전반부에서는 전통적인 시가 교육에 대한 비판과 함께, 철학 교육의 당위성에 대한 설명이 전개되고 있다. 후반부에서는 인간 영혼은 불멸하며 올바른 삶을 사는 사람은 생시는 물론이고 사후에도 큰 보상을 받는다고 주장하고 있다.

전반부의 시가 교육 비판은 제2권과 제3권의 시가 교육 비판과 밀접하게 연관되어 있다. 대칭적인 구조이다. 제2권과 제3권이 시인들이 준수해야 할 규범들이 언급하는 것이라면, 여기에서는 시가 맡아 온 청소년 교육을 철학이 담당해야 한다는 것을 강하게 주장하고 있다. 그러기에 이것은 그리스 교육 시스템 전반에 관한 플라톤의 총체적인 비판이라고도 할 수 있다. 마지막으로, 플라톤은 올바른 사람들은 생시는 물론이고 사후에도 올바름에 대한 보상을 받기 때문에 올바름은 그 자체로도 좋은 것일 뿐만 아니라, 그 결과 때문에도 좋은 것임을 '에르 신화'를 통하여 입증한다. 아주 장엄한 심판 이야기이지만, 착한 영혼은 상 받고 악한 영혼은 벌 받는다는 아주 소박한 진리를 담고 있다. 이것을 끝으로 하여 『국가』의 전체 논의는 그 막을 내린다.

■ 『국가』에 등장하는 사람들은 누구인가?[13]

소크라테스: 시민들의 인기를 한몸에 받았던 아테네 최고의 슈퍼스타이다. 이 대화편에서 그는 그 전날 있었던 사건들을 누군

---

13) 인물 분석에 대한 기초 자료는 박종현의 『국가』(1997)를 참조하였다.

가에게 들려주는 형식으로 긴 이야기를 시작하고 있다. 사실, 그는 전날 아테네 시내에서 남서 방향에 위치한 피레우스 항구에서 열린 벤디스 축제에 갔다 왔다. 이국적인 분위기로 유명했던 그 축제는 6월 초에 있었다고 전해지며, 계절상으로는 여름철에 해당될 것이다. 학자들에 의하면, 이 당시 소크라테스의 나이는 대략 50대 후반쯤으로 추정한다.

트라시마코스: 아주 유명한 소피스트이자 소크라테스의 최대 논적이다. 고집이 세고 승부욕이 강한 것으로 악명이 높다. 그 유명세 덕분에 『국가』 제1권은 그의 이름으로 불리기도 한다. 흑해 입구의 중요한 무역 도시인 칼케돈 출신으로 알려졌으며, 주로 활동한 시기는 펠로폰네소스 전쟁 시기와 거의 일치하는 기원전 430년에서 400년 사이이다. 케팔로스의 아들인 리시아스보다는 연상인 것 같으나 소크라테스보다는 약 10살 정도 연하인 것으로 알려졌다.

케팔로스: 시칠리아의 시라쿠사 출신으로 아테네에 거주하는 외국인이다. 아테네에서 오랫동안 거주하면서 방패 관련 무기제조업으로 큰돈을 번 재력가이다. 흥미롭게도 소크라테스의 대화가 이루어지는 장소는 바로 그의 저택이다. 폴레마르코스와 리시아스, 그리고 에우티데모스는 모두 그의 아들이다.

폴레마르코스: 재력가 케팔로스의 큰아들이다. 흥미롭게도, 그의 이름에는 전쟁을 뜻하는 폴레모스(polemos)와 시작을 뜻하는 아르케(arche)가 들어 있다. 소크라테스보다는 훨씬 연하일 것으로 추정되며 소크라테스를 초청하여 그의 말을 들을 만큼 소크라테스에게는 호의적인 인물이다. 소크라테스와의 대화 도중, 각자에게 갚을 것을 갚는 것이 올바름이라는 케오스 섬 출신의 서정시인 시모니데스의 주장에 근거해 올바름이란 친구들에겐 이로움을 적들에게는 해로움을 주는 것이라고 규정한다.

글라우콘: 아리스톤의 둘째 아들로 플라톤의 작은 형이다. 그런데 본 대화편에서는 큰형 아데이만토스와 함께 트라시마코스의 주장을 계승해 소크라테스와 논전을 벌이는 논적으로 등장한다. 플라톤과 달리 소피스트적 도덕관을 소유하고 있었으며 온건한 실용주의 계열의 대표자로도 거론되고 있다.

아데이만토스: 아리스톤의 장남으로 플라톤의 큰형이다. 작은 형이라는 말도 있으나, 제8권에서 그가 글라우콘의 인물 됨됨이를 평가하고 있는 것으로 보아, 그가 글라우콘보다 연상인 것만은 확실한 것 같다.

클레이토폰: 제1권에 잠깐 등장하는 인물이다. 다른 등장인물과 달리 이 대화편에서는 주되게 활동하지 않는다. 트라시마코스

의 추종자 중 한 사람으로 언급된다.

2) 왜 『국가』가 고전 중의 고전인가?

어떻게 보면 국가나정체에 대한 플라톤의 생각이 열매를 맺는 시기는 그리스 시대가 아니라, 로마 시대이다. 왜냐하면 로마 사람들은 이상적인 정치가를 교육시키는 문제에 있어서 플라톤의 사상을 전형으로 삼기 때문이다. 그리고 놀랍게도 권력을 가진 통치자, 즉 황제가 스스로 철학자가 된 경우도 있다. 우리가 잘 아는 마르쿠스 아우렐리우스(Marcus Aurelius) 황제가 바로 그러한 사람이다. 그는 스토아 철학자 중의 한 사람이면서 동시에 로마의 황제였다. 이처럼 로마 사람들은 끊임없이 통치자로 하여금 철학적 자질을 갖추도록 강제하였다.

하지만 로마 사람들이 항상 아우렐리우스 같은 현명한 황제만 모시고 살지는 않았다. 예를 들면, 네로 황제는 플라톤이 꿈꾸던 철인 왕과는 극단적으로 거리가 먼 사람이다. 오히려 참주의 전형이라고 할 수 있다. 공교롭게도 그의 스승은 그 유명한 절충주의 철학자 세네카(Ceneca)였는데도, 네로는 그의 충고를 무시한 채 그를 죽이고 만다. 나중에는 폭정을 자행하다 그마저 비참한 최후를 맞이하고 만다. 물론 한 사람의 경우에 한정되겠지만, 로마 시민들에게 네로의 통치는 불행한 경험 그 자체였다. 그럼에도 로마 사람이 플라톤의 철인 왕을 가장 이상적인 지도자의 롤 - 모델임으로 인식하고 있었음은 자명하다.

기독교가 지배하던 중세에는 플라톤의 『국가』가 잘 알려지지 않았다. 그러다 보니 지식인들에게 별다른 인기를 끌지 못한 것이 사실이다. 하지만 국가를 다스리는 왕은 모름지기 엄격한 도덕성에 근거해 나라를 통치해야 한다는 중세 사람들은 생각은 플라톤적인 정치철학의 하나의 변형이라고도 볼 수 있다. 이렇듯, 중세 시대에도 플라톤의 『국가』는 간접적으로 많은 사람들에게 영향을 끼쳤다.

르네상스 시대에 오면 그리스 문화의 부흥과 함께, 그리스 철학도 새롭게 주목을 받게 된다. 그와 함께 플라톤 철학도 새롭게 부활하였다. 번역도 많이 나왔다. 하지만 플라톤의 의도와는 달리, 많은 사람들은 플라톤의 『국가』를 그 자체로서 이해하기보다는 자신들의 관점에서 이해하기 시작하였다. 우리는 그러한 경향을 토마스 모어(Thomas Mohr)로부터 헤겔(Hegel)에 이르는 서양 정치철학의 역사에서 찾아볼 수 있다. 특히, 마키아벨리의 『군주론』 같은 경우는 『국가』의 아이디어를 거꾸로 이용하고 있다.

그런데 플라톤 철학에 가장 심각한 왜곡은 20세기 말에 있었다. 영국의 저명한 과학철학자인 칼 포퍼(K. Popper)는 자신의 저서 『열린 사회와 그 적들』에서 플라톤의 『국가』가 전체주의 철학의 효시라고 비판하면서 이데올로기적 왜곡을 감행한다. 하지만 그의 이러한 해석은 많은 문제점을 안고 있다. 왜냐하면 비합리적 행동철학이 지향하는 파시즘과 지성 또는 합리성에 기반

한 도덕철학인 플라톤의 『국가』는 확연히 차별화되기 때문이다. 물론 플라톤 사상에 엘리트 중심적이고 권위적인 요소가 없는 것은 아니나, 파시즘적 전체주의나 나치즘적 독재주의의 요소는 전혀 존재하지 않는다. 이제 플라톤 철학에 대한 칼 포퍼 식의 곡해는 시정되어야 한다.

결론적으로 『성서』를 제외하고서 플라톤의 『국가』는 아마도 인류 역사상 가장 많은 영향을 끼친 책 중의 하나일 것이다. 지금도 대학에서는 철학이나 교육학 그리고 정치학 등과 연관된 모든 강좌에서 플라톤의 『국가』가 매 강좌 시간마다 인용되고 있다. 앞으로도 그러한 현상은 사그라지지 않을 것이다.

3) 우리가 『국가』를 읽어야 하는 이유

21세기를 살고 있는 한국인들은 대부분 정치인들을 불신한다. 거짓말과 말 바꾸기를 자주 하고, 때에 따라서는 친구와 당도 배신하기 때문이다. 국민들과 약속한 공약을 빈 공(空)자 공약으로 만들어버리기 일쑤다. 뻔뻔스러워야 정치를 할 수 있다는 말도 나오지 않는가? 정말 정치인들에 대한 일반 시민들의 신뢰도는 바닥을 헤매고 있다. 바야흐로 정치 불신의 시대이다.

『국가』에서도 플라톤은 당대의 정치가들에 대한 강한 거부감을 표시한다. 이상 국가의 철인 왕은 그런 현실에 대한 반성의 결과물이다. 그는 민주정체도, 그리고 그 민주정체하에서 활동하고 있는 모든 정치가들도 다 잘못되었다는 가정하에서 자기가 꿈꾸는 이상 국가와 그에 걸맞은 올바른 정치가상을 그리고 있다. 그리하여 그는 지혜롭고, 솔직하며, 도덕적이고, 불의에 용감하며, 올바름에 목말라하는 참된 정치가의 모델로 철인 왕을 제시하는 것이다. 그러한 사람이 권력을 잡아야만 이 세상의 악이 줄어들 것이라고 희망을 안고서 말이다.

어떻게 보면, 플라톤이 주장하고자 하였던 것은 정치 기술로서의 정치가 아니라 '의무'와 '봉사'로서의 정치이다. 하고 싶다고 다 정치를 하는 것이 아니라, 가장 적합하고 가장 정직한 사람이 정치를 해야 한다는 것을 강조하는 것이다. 그럼 도대체 어떤 사람이 정치에 적합한 사람인가? 그는 단호히 철학자라고 답한다. 즉 이데아 중의 이데아인 좋음의 이데아를 인식한 그런 철학자 말이다.

그런데 어떤 사람들은 플라톤의 이러한 유토피아14) 사상을 '이상적 사회주의'라고도 한다. '아무 곳에도 없다'라는 유토피아의 글자 그대로의 뜻을 따라 이상 국가를 부정적으로 이해하는 것이다. 하지만 플라톤의 유토피아는 반드시 현실적으로 불가능한 그런 사상은 아니다. 오히려 현대의 정치 무대에서 적극적으

---

14) 토마스 모어가 그의 『유토피아』에서 처음 사용한 개념으로 그리스어 'ou(없는)'와 'topos(장소)'를 결합하여 만들었다. 그리고 토마스 모어의 이 책은 플라톤의 『국가』, 캄파넬라의 『태양의 나라』, 그리고 베이컨의 『뉴아틀란티스』와 함께 이상국에 관한 대표적인 저서로 언급되고 있다.

로 수용되어야 할 가장 핵심적인 개념을 포함하고 있다. 그것은 지도자의 엄격한 윤리성이다. 어떠한 업무 수행에서도 자기의 사적인 이기심을 철저하게 배제하는 그런 도덕성 말이다. 사실 옛날이나 지금이나 권력을 가진 사람들이 자기 마음대로 권력을 휘두르는 일이 비일비재하다. 그리고 혈연, 지연, 청탁에 따라 인사가 비합리적으로 이루어진다. 이러한 현실을 비판하면서 플라톤은 합리성과 공평무사함이 지배하는 정치문화를 꿈꾸었던 것이다. 그의 '처자 공유' 사상 역시 이러한 도덕정치의 또 다른 표현이다.

이러한 것들로 인해 플라톤의 『국가』는 아직도 우리에게 유의미하다. 비록 피지배자들에 대한 배려가 부족한 것이 흠이지만, 플라톤의 『국가』가 제시하는 정치철학은 오늘 우리에게 시사하는 바가 적지 않다.

제3부

플라톤의 『국가』, 글쓰기와
토론 공부에 도움이 되는가?

"살아서나 죽어서나 정의는 물론이고 다른 덕을 모두 단련하는 것,
이것이 가장 좋은 삶의 방식임을 (...) 따르세.
그리고 다른 사람에게도 권하세."

(『고르기아스』 527e)

1. 도대체 올바름이란 무엇인가?

『국가』제1권의 배경은 아테네의 외항인 피레우스 항에 있었던 벤디스(Bendis) 축제이다. 본 대회가 개최되기 전날 소크라테스는 이 축제를 구경한다. 그런데 축제의 주신(主神)인 벤디스 여신은 전쟁과 사냥의 여신으로 아테네 토착신이 아니라 트라키아 지방에서 유입된 이방신이다. 당시 아테네인들은 이러한 이방신을 자신들의 아르테미스 여신과 동일하게 생각하였다. 그러던 중 기원전 431년 펠로폰네소스 전쟁이 발발하자 그들은 이 여신을 기리는 축제를 공식적으로 제정하였는데, 그것이 바로 벤디스 축제이다. 역사 기록으로는 이 시기가 기원전 429년 5~6월 19일에 있었다고 전해진다. 소크라테스와 그 일행들은 지금 이 역사적인 축제에 갔다 오고 있는 길인 것이다.

초여름 욕망이 가득한 축제를 뒤로한 채 아테네로 돌아오는 길에 소크라테스는 아테네의 거부 케팔로스의 큰아들 폴레마르코스를 만난다. 그의 간곡한 초청으로 그의 집을 방문한다. 그리고 거기에서 케팔로스를 비롯한 여러 사람들과 "도대체 올바름이란 무엇인가?"라는 주제를 놓고서 열띤 토론을 벌인다. 이것이 제1권의 도입부이다.

1) 정직하고 남한테 갚을 것은 갚아라

아테네의 슈퍼스타 소크라테스의 대화하는 사람은 처음에는 케팔로스였다가 그다음에는 폴레마르코스, 그다음에는 트라시마코스로 바뀐다. 앞사람에서 뒷사람으로 옮아갈수록 토론은 격렬해지고 논의는 더 뜨거워진다. 마치 인간의 도덕적 의식의 세 가지 변천 과정을 보여주기라도 하듯이, 그들의 논전은 그 강도를 더해간다.

먼저, 집주인 케팔로스는 매우 보수적인 사람이다. 젊어서 방패 관련 무기제조업으로 큰돈을 벌었으며, 자신이 믿고 있는 종교적인 신념에 따라서 모든 것을 생각하고 판단한다. 올바름에 대한 이해에서도 마찬가지이다. 하지만 그의 큰아들 폴레마르코스는 조금 더 업그레이드된 사람이다. 그는 현실적인 사람이라 사회적 관습에 따라 올바름을 이야기한다. 그런데 마지막으로 등장하는 트라시마코스는 앞의 두 사람과는 논의의 차원을 달리한다. 그는 현재 아테네에서 활동하고 있는 대표적인 소피스트이자 아테네 정치 현실에 깊숙이 줄을 대고 있는 사람이다. 그에게는 다분히 아테네 제국주의의 권력의지가 숨겨져 있다.

대화를 시작하면서 소크라테스는 케팔로스 옹에게 안부부터 묻는다. 사실 케팔로스 옹은 온건한 사람이다. 비록 아테네에 거주하는 외국인 신분이지만, 그는 아테네 전통을 수호하려고 노력한다. 아울러 자기가 노력해서 번 돈에 대해서는 커다란 자부심을 가지고 있다. 그런 그에게 소크라테스는 노년에 재산을 많이 가짐으로써 득을 보게 되는 것이 무엇인지를 묻는다. 이에 케팔로스 옹은 상식적인 차원에서 사람답게 사는 데 있어서는 돈이 큰 역할을 한다고 답한다. 그다음에 그는 올바름의 본질이 무엇인가에 대해 "정직하고 남한테 갚을 것은 갚아라"라고 답한다. 하지만 계속된 소크라테스의 추궁에 곤혹스러워하는 모습을 보이자, 효성이 지극한 폴레마르코스가 아버지를 도와주러 논의에 끼어든다.

2) 친구에겐 이롭게 하고 적에겐 해롭게 하라

아버지를 대신한 폴레마르코스는 소크라테스의 기(氣)를 죽일 속셈으로 "각자에게 갚을 것을 갚는 것"이 올바름이라는 서정시인(抒情詩人) 시모니데스의 주장에 기대어, "친구들에게는 잘 되게 해 주되 적들한테는 잘못되게 해 주는 것"이 올바름이라고 답한다. 하지만 그의 이러한 주장은 소크라테스를 실망스럽게 만든다. 왜냐하면 소크라테스가 생각하기에, 이유가 무엇이든지 간에 다른 사람을 해코지하는 것은 결코 올바른 사람으로서 해야 할 짓은 아니기 때문이다. 예를 들어, 이웃 나라와 사이가 안 좋다고 해서, 여행 온 이웃 나라 사람들을 아무런 이유도 없이 마구 때리고 상처를 입힌다면, 그것은 올바른 사람으로서 할 짓은 아닐 것이다. 오히려 올바르지 못한 사람들이나 할 짓이다. 사실 소크라테스의 지적은 정확했다. 그리고 폴레마르코스도 꽤 심성이 착한 사람이라 금방 그의 말을 알아듣는다. 그리하여 두 사람은 일단 "누구에게 해를 입힌다는 것은 그 어떤 경우에도 올바른 것이 아니다"라는 데 의견의 일치를 본다.

3) 올바름이란 강자의 편익이다

그런데 문제는 트라시마코스에게서 터진다. 워낙 자존심이 강하고 불같은 성질을 지닌 그인지라, 주인집 큰아들과 소크라테스가 짝짜꿍이 되어 올바름이 이러니저러니 하는 것에 가만히 있을 수만은 없었다. 얼굴을 붉히며 곧바로 논의에 뛰어든다. 평소에도 소크라테스에게 불만이 많았던 트라시마코스는 공격이 최선의 방어라는 말처럼, 소크라테스를 선제공격한다. "아 소크라테스 선생님, 선생께서는 자기주장은 하나도 하지 않은 채, 다른 사람들 말꼬리나 잡고, 아 이게 뭡니까? 선생님의 주장을 좀 펼쳐보시죠?" 처음에는 트라시마코스가 이기는 듯했다. 하지만 자기 성질에 못 이긴 트라시마코스가 "아 더 강한 사람이 더 많이 갖는 것, 그것이 바로 정의 아니고 무엇이겠습니까?"라고 말을 하게 되면서부터, 논의의 주도권은 다시 소크라테스에게로 간다. 다음은 기세등등할 때의 트라시마코스의 말이다.

"한데, 적어도 법률을 제정함에 있어서 각 정권은 자기의 편익

을 목적으로 하여서 합니다. 민주정체는 민주적인 법률을, 참주
정체는 참주체제의 법률을, 그리고 그 밖의 다른 정치 체제들
도 다 이런 식으로 법률을 제정합니다. 일단 법 제정을 마친 다
음에는 이를, 즉 자기들에게 편익이 되는 것을 다스림을 받는
자들에게 올바른 것으로서 공표하고서는, 이를 위반하는 자를
범법자 및 올바르지 못한 짓을 저지른 자로서 처벌하죠. 그러
니까 보십시오. 이게 바로 제가 주장하고 있는 것입니다. 모든
나라에 있어서 동일한 것이, 즉 수립된 정권의 편익이 올바른
것이지요. 확실히 이 정권이 힘을 행사하기에, 바르게 추론하는
사람에게 있어서는 어디에서나 올바른 것은 동일한 것으로, 즉
더 강한 자의 편익으로 귀결합니다." (338e~339a, 박종현 역)

이에 소크라테스는 올바름이란 것이 사람들에게는 이익이 되
어야 하는 것은 분명하나, 그것이 반드시 가진 자, 힘 있는 자의
이익으로 귀결되지는 않는다는 것을 날카롭게 지적한다. 그리고
그 논거로 '의사'와 '선장'의 사례를 든다. 사실, 의사나 선장이
라는 직업은 예나 지금이나 많은 돈을 벌게 해주는 직업이다. 하
지만 진정한 의사나 선장은 반드시 자신의 기술을 생계수단으로
만 이용하지는 않는다. 오히려 훌륭한 의사나 선장은 자기 기술
을 진정으로 필요로 하는 사람들, 곧 아픈 사람들이나 위험에 빠
진 사람들을 구해주기 위해서 사용한다. 이와 마찬가지로, 참된
정치가들 역시 자신의 권력을 가진 사람들이나 힘 있는 사람들
을 위해서 쓰는 것이 아니라, 못 가진 사람들이나 힘없는 사람들
을 위해서 쓴다. 논의가 이 지점에 이르자, 트라시마코스는 당황
한다. 자신의 주장이 논파 되고 있기 때문이다. 이에 트라시마코

스는 소크라테스에게 다시 한 번 도전한다. 올바르게 산 사람들은 으레 올바르지 않게 산 사람들보다는 못 살게 마련인데, 뭐 그렇게 올바르게 살 필요가 있느냐는 것이 그의 항변이다.

트라시마코스의 저항에, 소크라테스는 트라시마코스의 마음을 바꾸어 볼 요량으로 계속해서 그와 이야기를 나눈다. 우선적으로 그는 살다 보면 올바르지 못한 것들이 올바른 것들보다 힘이나 권력에 있어서는 더 강할지는 모르지만, 그것이 사악하고 수치스러운 것인 한, 그것들이 올바른 것들보다 결코 더 낫다고는 할 수 없을 것이라고 주장한다. 올바른 사람은 훌륭하고 지혜로우나 올바르지 못한 사람은 무지하고 사악하기 때문이다. 소크라테스의 끈질긴 비판에 전의(戰意)를 상실한 트라시마코스는 소크라테스의 논의에 동의의 뜻을 표한다. 하지만 그렇다고 하여 문제가 완전히 끝난 것은 아니다. 왜냐하면 트라시마코스는 마음속으로는 다른 생각을 하고 있으며, 플라톤의 형 글라우콘은 제2권에서 그의 논지를 부활시키기 때문이다.

트라시마코스와의 논의가 마무리되자, 소크라테스는 철학사상 가장 본질적인 것들 중의 하나로 손꼽히는 문제를 제기한다. 그것은 "사람은 어떤 생활 방식으로 살아가야만 하는가?"에 관한 물음이다. 그런데 이 문제는 『국가』 전체를 관통하는 핵심 문제이자 플라톤이 『크리톤』과 『고르기아스』에서도 천착하는 그런 문제이기도 하다. 논의는 계속된다.

■ 글쓰기와 토론을 위한 읽기 자료

다음은 삶의 방식과 연관된 2개의 글이다. 먼저 (가)는 플라톤의 『고르기아스』에서 칼리클레스가 한 말이고, (나)는 같은 책에서 소크라테스가 한 말이다. (가)에서 칼리클레스는 욕망과 권력을 충족시키는 삶이 남자다운 삶이며 그러한 삶이 가치 있다고 주장한다. (나)에서 소크라테스는 무절제한 삶은 마치 구멍이 뚫린 항아리처럼 결코 충족될 수 없는 그러한 삶이며, 절제 있는 사람이 유의미한 삶임을 주장한다. 앞의 두 글은 삶의 철학과 연관해서 가장 많이 등장하는 '욕망 추구의 삶' vs. '자기 절제의 삶'을 상징적으로 대변하고 있다. 과연 우리는 2가지 삶의 방식 중 어느 삶을 따라 살아야 하나? 위에서 언급된 2개의 입장 중 한 입장을 골라 자신의 생각을 전개하라. 단 반대되는 입장에 대한 비판적인 이해도 시도하라.

(가)

아니요. 틀림없습니다, 소크라테스. 누구에게든 노예 노릇 하는 사람이 어떻게 행복할 수 있겠습니까? 오히려 제가 지금 당신에게 솔직하게 말하는 이것이 자연에 따른 훌륭하고 정의로운 것입니다. 올바르게 삶을 살아가려는 자는 자신의 욕구들이 최대한 커지도록 놓아두고 응징해서는 안 되며, 욕구들이 최대한 커졌을 때 용기와 슬기로써 능히 그것들을 섬길 수 있어야 하며, 매번 욕구가 원하는 것들로 그 욕구들을 충족시킬 수 있어야 한다는 말이지요. 하지만, 제가 믿기로, 대다수 사람들에게

는 그럴 능력이 없습니다. 그래서 그들은 부끄러움 때문에 그
럴 능력이 있는 자들을 비난하며 자신들의 무능함을 감춥니다.
그리고 그들은 제가 앞서 말했듯이, 무절제는 정말 부끄러운
것이라고 주장하며 더 훌륭한 자질을 타고난 사람들을 노예로
만듭니다. 그리고 용기가 부족하기 때문에 스스로 쾌락들을 충
족시킬 수가 없어서 절제와 정의를 칭찬하지요. 처음부터 왕의
아들이거나 참주 권력이든 소수자 독재 권력이든 어떤 형태의
통치권을 스스로 손에 넣을 수 있는 충분한 능력을 타고난 자
들을 생각해 보십시오. 아무런 방해도 받지 않고 좋은 것들을
마음대로 누릴 수 있는 이 사람들에게 정말이지 절제와 정의보
다 더 수치스럽고 더 나쁜 것이 무엇이겠습니까? 대다수 사람
들의 법과 말과 비난을 이들이 자신의 나라에서 다스리는 위치
에 있다 한들, 적들보다 자신의 친구들에게 아무것도 더 많이
나누어 주지 못하는데, 어찌 이들이 이 훌륭한 것 - 정의와 절
제 - 으로 말미암아 비참해져 있지 않겠습니까? 소크라테스, 오
히려 진실은 - 당신이 추구한다고 주장하는 진실 말입니다 - 이
렇습니다. 사치와 무절제와 자유, 이것들이 지원을 받으면 그것
들이 덕이고 행복입니다. 그 밖에 이 모든 것들은 말만 번듯한
장식들이며, 자연에 반하는, 사람들 간의 협약들로서 실없는 소
리이자 전혀 무가치한 것들입니다. (491e~492c, 김인곤 역)

(나)

자 그렇다면 자네에게 다른 비유를 들겠네. 조금 전에 말한 바
로 그, 학파(gymnasion)에서 나온 거네. 절제 있는 자와 무절
제한 자, 두 사람 각각의 삶에 대해 자네가 주장하는 바가 이
런 것은 아닌지 살펴보게. 이를테면 두 사람이 제각기 많은 항
아리를 가지고 있다고 해보세. 한 사람의 항아리들은 멀쩡하고
가득 차 있네. 어떤 것을 포도주로, 어떤 것은 꿀로, 어떤 것은
우유로, 그리고 다른 여러 항아리들이 여러 가지 것들로 가득

차 있네. 그리고 이 액체들 각각은 드물고 구하기가 어려워서 많은 노고와 어려움을 겪어야 얻을 수 있네. 이제 한 사람은 자신의 항아리들을 가득 채웠기에 더 가져다 붓지도 않고 신경 쓸 일도 없어서 이 일에 관한한 편히 쉴 수 있는 반면에, 다른 한 사람은 그 역시 저 사람과 마찬가지로 곤란을 겪기는 하지만 그 액체들을 얻을 수 있는데, 그러나 그릇들이 구멍이 나 있고 상해 있어서 밤낮으로 줄곧 그것들을 채울 수밖에 없거나, 그렇지 않으면 극단적인 고통을 겪을 수밖에 없다고 해 두세. 두 사람의 삶이 이런데도 자네는 무절제한 자의 삶이 절도 있는 자의 삶보다 더 행복하다고 주장할 텐가? 이 이야기를 통해서 절도 있는 삶이 무절제한 삶보다 더 낫다는 것을 인정하도록 내가 자네를 조금이라도 설득하고 있는 건가? 아니면 못 하고 있나?" (493d~494a, 김인곤 역)

2. 올바른 국가와 올바른 개인

1) 기게스의 절대반지

논파 된 트라시마코스의 주장을 되살리는 사람은 공교롭게도 플라톤의 형 글라우콘이다. 비록 문학적 구성이긴 하지만, 플라톤이 자기 형의 입을 통해서 소피스트 트라시마코스의 주장을 대변하게 하는 것은 참으로 재미있는 발상이라 아니할 수 없다. 글라우콘은 '기게스의 반지' 이야기를 통해서 현실 정치 세계가 가진 힘의 논리를 주장한다.

글라우콘이 들려주는 기게스의 반지 이야기는 윤리학적으로 의미심장하다. 그 이야기를 요약하면 다음과 같다.

옛날 옛적에 리디아란 나라에 기게스라는 양치기가 살고 있었다. 그는 리기아 왕을 섬기던 양치기였다. 하루는 천둥 번개와 함께 비가 내리고 지진까지 나 땅이 갈라졌다. 그런데 그 갈라진 틈으로 송장이 하나 있었으며, 그 송장의 손가락에는 금반지가 하나 끼여져 있었다. 그 반지를 빼 가지고 나온 기게스는 그 반지가 사람을 투명인간으로 만드는 놀라운 힘을 가지고 있다는 사실을 알아차리고서는, 나쁜 마음을 먹고 그 나라의 왕비와 간통을 하고 왕까지 죽인다.

이런 이야기를 들려주면서 글라우콘은 심각한 문제 하나를 제기한다. 그것은 바로 이러한 반지가 두 개 있어 하나는 올바른 사람이, 또 다른 하나는 올바르지 못한 사람이 낀다고 했을 때, 과연 올바른 사람이 나쁜 짓을 하나도 하지 않고 자기 마음을 다스릴 수 있을까 하는 것이다. 그가 생각하기에는 사람들이 힘이 없어 나쁜 짓을 못하는 것이지, 만약 완벽한 힘이 있다면, 그리고 그에 따르는 어떠한 처벌도 받지 않는다고 한다면, 올바르게 살 사람은 아무도 없을 것이라는 논지이다. 이에 글라우콘의 형인 아데이만토스도 논의에 참여하며 다음과 같이 말한다.

"모두들 이구동성으로 되풀이해서 말하기를 절제와 올바름은 아름다운 것이긴 하되 확실히 힘들고 수고로운 것이지만, 무절제와 올바르지 못함은 달콤하고 얻기 쉬운 것이되 평판과 법만으로는 수치스러운 것이라고 합니다. 그러나 그들은 말하기를, 대개의 경우 올바른 것들보다는 올바르지 못한 것들이 더 이득이 된다고 합니다. 또한 못되기는 하나 부유하거나 그 밖의 다른 능력을 지닌 사람들을, 공적으로건 사사로이건 간에, 행복한 사람이라 하며 생각 없이 예우하려고 하면서도, 어찌 보아 무력하고 가난한 사람들일 것 같으면, 비록 이런 사람들이 앞의 경우의 사람들보다 더 나은 사람들임을 인정할지라도, 업신여기며 얕보려 든다고 합니다. 그러나 이 모든 언급 중에서도 제일 놀라운 것은 신들과 훌륭함에 관해서 하는 것인데, 그건 신들조차도 실은 많은 선량한 사람에겐 불운과 불행한 삶을 배정하면서, 이들과 반대되는 사람들에겐 그 반대의 운명을 내린다는 것입니다." (364a-b, 박종현 역)

이렇게 이야기하면서 아데이만토스는 글라우콘과 함께 소크라테스에게 올바름을 그 자체로서 옹호해 줄 것을 주문한다. 그리하여 올바름의 본질 규명에 대한 소크라테스의 긴 여행은 계속된다.

그런데 여기에서 기게스의 반지 이야기는 영화 「반지의 제왕」[15] 이야기와 많이 닮아 있다. 영화가 뒤에 나왔기에 작가 J.R.R. 톨킨이 기게스의 반지 이야기에서 모티브를 차용하여 원작을 구성하였을 수 있다. 어쨌든 이 영화는 '절대반지'가 가지고 있는 '악마적 힘'에 대한 도덕적 성찰을 요구한다.

---

15) <반지의 제왕 - 반지 원정대, 2001)>은 1954년 출간된 J.R.R. 톨킨의 원작소설을 배경으로 피터 잭슨이 만든 3부작 시리즈의 첫 번째 작품으로, 2편은 <두 개의 탑>, 3편은 <왕의 귀환>이다. 영화에서는 절대반지를 없애기 위해 조직된 반지원정대가 운명의 산의 용암 속까지 가서 그 반지를 파괴한다는 이야기가 나온다.

영화에서는 '절대반지'를 파괴하기 위해 주인공 프로도와 그의 친구들로 이루어진 반지원정대가 불의 산으로 향하다 사악한 사우론의 세력과 대결한다는 이야기가 주를 이룬다. 그런데 『국가』와 연관해 이 영화에서 중요한 것은 절대 권력의 상징인 절대반지가 인간의 영혼을 파괴시킨다는 명백한 사실이다. 영화에 등장하는 거의 모든 존재들이 절대반지의 악마적 힘에 노출되고 만다. 다른 인물들에 비해 선의지가 강한 인물인 주인공 프로도 역시 예외는 아니다. 하지만 그는 주인공답게 강한 정신력으로 그 위기를 넘긴다.16) 그런데 등장인물 가운데에서 절대반지의 악마적 힘에 가장 많이 노출된 존재는 골룸일 것이다. 비록 그는 그 이전에는 착한 호비트인 스미골이었음에도 불구하고, 절대반지의 유혹을 뿌리치지 못한 채, 자신의 영혼을 더럽히고 흉한 골룸이 되고 만다. 이처럼 영화는 절대반지에 의해 파괴된 인간 영혼의 참상을 적나라하게 보여주고 있다.

■ 글쓰기와 토론을 위한 읽기 자료

다음은 영화 <반지의 제왕: 반지원정대>에 대한 간략한 언급이다. 먼저 (가)는 인터넷(위키백과: http://ko.wikipedia.org/wiki/)

---

16) 주인공 프로도는 반지의 운반자로서 외로운 여행을 감행한다. 하지만 그도 '운명의 산'의 용암 앞에 섰을 때 절대반지의 파괴를 주저한다. 절대반지에 집착하는 골룸에 의해 자신의 손가락에 상처를 입고서야 정신을 차리고 반지를 용암 속에 던진다. 이렇게 함으로써 그는 자신의 사명을 완수한다.

에 있는 <반지의 제왕: 반지원정대>의 간략한 줄거리이고, (나)는 주요 등장인물들이다. (다)는 등장인물들 중 간달프, 보로미르, 골룸의 대사 중 일부를 그대로 옮긴 것이다. 그런데 영화(소설)에서 프로도, 감지 그리고 간달프 등은 선한 영혼을 소유한 존재로 등장하고, 사우론과 골룸 등은 악한 영혼을 소유한 존재들로 그려진다. 그리고 보로미르는 선과 악 사이에서 방황하는 영혼을 소유한 존재로 묘사된다. 위에서 언급된 (다)의 대사를 참고로 하여 영화(소설)를 보면서 (나)에 등장하는 인물들 중 대비되는 인물 두 사람을 골라, 그중 한 사람의 입장에 입각해 그의 삶의 자세를 논하라. 단, 선택된 인물과 대비되는 인물에 대한 비판적 이해도 곁들여 논하라.

(가)

제1권인 반지 원정대는 샤이어에서 빌보가 자신의 생일잔치에서 마술반지를 사용하여 갑자기 사라지는 것에서 시작한다. 빌보는 리벤델로 휴식을 취하기 위해 떠나면서 반지를 포함한 자신의 많은 물건을 그의 조카인 골목 쟁이네 프로도에게 준다. 회색의 간달프는 17년간의 조사 끝에 이 마술반지가 암흑 군주가 3시대 내내 찾아 헤맸던 절대반지임을 확인한다. 한편 골룸은 자신의 반지를 찾아서 사우론이 다시 힘을 키우고 있는 모르도르로까지 흘러들어 가고 그곳에서 붙잡혀 반지에 대한 정보에 대해 고문당한다. 이에 사우론은 자신의 본래 힘을 되찾을 수 있게 해 줄 절대반지를 되찾기 위해 아홉 반지 악령을 샤이어로 보낸다.
프로도는 그의 정원사인 샘 와이즈 감지와 세 명의 친한 친구인 메리와 피핀, 그리고 프레데가 볼저의 도움으로 탈출한다. 프레데가가 나즈굴을 유인하는 동안 프로도와 다른 친구들은 요정의 저택인 깊은 골로 향한다. 그들은 중간에 정체를 알 수 없는 인물인 톰 봄바딜과 후에 이실두르의 직계 후손이자 곤도르와 아르노르 양국의 후계자인 아라곤으로 밝혀지는 스트라이더를 만나 도움을 얻는다. 아라고른은 간달프의 부탁으로 호빗들을 깊은 골로 인도한다. 프로도는 폭풍산언덕에서 나즈굴의 대장 마술사왕에게 깊은 상처를 입는다. 그러나 그의 동료들과 요정군주 글로르핀델의 도움으로 브루네인 여울목을 건너 깊은 골의 경계로 들어온다. 나즈굴들은 깊은 골 경계로 들어온 순간에 깊은 골의 주인인 엘론드의 명령으로 갑자기 불어난 물에 휩쓸려 떠내러 가고, 프로도는 글로르핀델의 말 위에서 정신을 잃는다.

제2권은 프로도가 반요정 군주이자 깊은 골의 주인인 엘론드의 보살핌으로 다시 깨어나는 것에서 시작한다. 프로도는 휴식을 취하고 있는 빌보를 만나고, 엘론드의 딸인 아르웬을 만난다. 얼마 뒤에, 엘론드는 프로도가 가져온 반지에 대한 문제를 논의하기 위해 가운데 땅 서쪽의 모든 자유로운 종족들의 대표를 소집하여 회의를 연다. 회의에서 간달프는 반지를 가지려고 하는 현자들의 지도자인 사루만의 교활한 책략을 경고한다. 아라곤은 곤도르와 아르노르에 왕이 돌아온다는 고대의 예언에 따라 엘렌딜의 부러진 검인 나르실을 가지고 사우론과 맞서 싸우기 위해 준비하고, 나르실의 조각들을 깊은 골에서 다시 벼린 뒤 안두릴이라는 이름을 붙인다. 반지회의에서 가운데 땅을 구할 유일한 방법은 오직 절대반지를 파괴하는 것밖에는 없다는 결론을 내리고, 사우론이 반지를 만들어낸 장소인 모르도르에 있는 운명의 산의 불구덩이에 던져야만 반지를 없앨 수 있다는 것이 밝혀진다. 이에 따라 반지를 모르도르까지 가져갈 사람을 정하기 위해 많은 토론이 이루어지고, 놀랍게도 프로도가 반지운반자로 자원한다. 반지회의는 또한 프로도를 도울 반지원정대를 구성하는데 프로도의 세 호빗 친구들과 간달프, 아라곤, 곤도르의 보로미르, 난쟁이 김리, 요정 레골라스가 포함되어 반지악령에 맞서 싸운다.

원정대 일행은 안개 산맥을 넘어가다 반지를 운반하는 것을 막으려는 마법사 사루만이 일으킨 매서운 눈보라에 막혀 위험천만한 모리아의 굴로 들어가 산맥을 통과하려 한다. 그곳에서 일행은 자신의 '보물'을 되찾으려는 골룸에 의해 추적당한다. 이들이 모리아의 굴을 거의 다 빠져나왔을 즈음, 오르크들의 공격을 받게 된다. 간달프는 고대의 악마인 발로그와 싸우다 모리아의 심연으로 떨어지고, 이후 발로그와 싸우다 함께 죽는다. 원정대는 아라곤의 인도를 따라 요정들의 숲인 로스로리엔으로 들어가게 되고, 그곳에서 로스로리엔의 영주인 갈라드리엘과 켈레보른을 만난다. 이후 원정대는 안두인 대하를 따라 내려가는데 도중에 반지를 빼앗으려는 보로미르의 위협을 받은 프로도는 샘과 함께 일행에서 빠져나와 모르도르로 향한다.

(나)

프로도 배긴스: 골목쟁이 집안 빌보의 조카이자 상속자이자 반지 운반자.

간달프: 회색의 간달프로 불의 반지(네냐)를 소유한 마법사. 나중에 백색의 간달프로 바뀜.

아라곤: 이실두르의 후계자이자 북부왕국의 계승자.

보로미르: 곤도르 왕국 섭정 데네소르의 장남.

샘 감지: 골목쟁이 집안의 정원사로 프로도의 친구.

아르웬 운도미엘: 요정 군주 엘론드의 딸로 아라곤의 반려자.

레골라스: 어둠 숲 요정군주 스란두일의 아들.

김리: 두린일족 글로인의 아들.

갈라드리엘: 요정왕 핀웨의 아들인 피나르핀의 막내딸.

엘론드: 에아렌딜과 엘윙 사이에서 태어난 반요정으로 깊은 골

의 군주.

사루만: 백색회의의 수장.

위치킹: 나즈굴의 리더, 모르도르 군대의 총지휘관

사우론: 반지의 제왕이자 암흑 군주.

골룸(스미골): 절대반지를 탐하는 존재.

(다)

■ 간달프: 날 유혹하지 마라! 난 받을 수 없어. 안전하게 갖고 있지 못할 거야.

이해해 주렴. 프로도 … 난 어쩌면 이 반지를 좋은 일에 쓸지도 모르지.

하지만 나를 통해 상상도 못할 사악한 힘을 휘두르게 될지도 몰라.

■ 골룸: my precious (ring).

■ 보로미르 : 이건 선물이야. 모르도르의 적들에게는 선물이지.

왜 이 반지를 사용하지 않소?

오래전에 곤도르의 가신인 나의 아버지가

모르도르의 군을 후미에서 막았지.

내 종족의 피 덕분에 당신들의 땅이 무사한 거요.

다시 대항해 싸울 수 있도록 곤도르에게 적의 무기를 주시오

아라곤 : 당신은 반지를 지배할 수 없어. 우리 중 그 누구도!

이 반지는 사우론에게만 답하네. 다른 주인은 섬기지 않아.

보로미르 : 왜 순찰자가 이 일에 대해 논하지?

레골라스 : 그는 단순한 순찰자가 아니오. 그는 아라곤, 아라손의 아들이오.

당신은 그에게 충성을 바쳐야 해.

보로미르 : 아라곤? 이실두르의 후계자라고?

레골라스 : 곤도르의 왕위 계승자이기도 하지.

아라곤 : 앉게, 레골라스.

보로미르 : 곤도르에는 왕이 없어. 왕이 필요하지도 않지.

2) 수호자들을 어떻게 가르칠 것인가

그리스 사회는 똑똑하고 잘난 사람들이 지배하던 사회였다. 사회의 엘리트들이 지배하였던 것이다. 플라톤이 생각한 '수호자들'도 그런 부류의 사람들이었는데, 그는 국가 주관하에 수호자들에 대한 체계적으로 이루어져야 한다고 생각하였다.

인간은 영혼과 신체로 되어 있기에, 수호자 교육 역시 이 두 가지를 모두 충족시키는 방향으로 진행되어야 한다. 그래서 플라톤은 신체를 훈련시키는 데에는 체육 교육이, 영혼을 훈련시키는 데에는 시가 교육이 중요하다고 말한다. 특히 플라톤은 영혼을 훈련시키는 시가 교육에 각별한 관심을 가지고 있다. 감수성이 예민한 시기의 어린아이들에게 행해지는 교육이니만큼 그 내용이 올바르고 훌륭한 것들로 채워져야 하기 때문이다. 무엇보다도 나라의 장래를 책임질 예비수호자들에게는 신화에 등장하는 신들과 인간들의 부도덕한 이야기는 중지되어야만 한다. 왜냐하면 그런 이야기들로 인하여 젊은이들이 악에 대하여 흐릿한 생각을 가질 수도 있기 때문이다. 더욱이 신화 이야기로 생계를 유지하는 시인들은 인간과 관련된 중요한 이야기들을 왜곡하여 가르치고 있기 때문이다. 이런저런 이유로 해서, 플라톤은 수호자들을 교육시키는 교사 그룹에서 시인들을 배제하기에 이른다. 이른바

'시인추방'이다.

그런데 이러한 시인추방론은 많은 사람들에게 오해를 불러왔다. 하지만 우리는 이것을 좀 더 근본적인 차원에서 이해할 필요가 있다. 왜냐하면 그리스 철학 역사에서 플라톤만큼 예술에 조예가 깊었던 사람도 없었기 때문이다. 그러기에 그는 누구보다도 호메로스의 시(詩)가 교육학적으로 젊은이들에게 엄청난 영향력을 행사하고 있다는 것을 확실히 인식하고 있었다. 게다가 호메로스라고 하는 거인을 뛰어넘지 않고서는 그리스 젊은이들의 정신을 계몽시키고자 하는 자신의 교육프로그램은 결코 완성될 수 없다는 것을 잘 알고 있었다. 그러다 보니 그가 시인들을 자신의 이상 국가에서 배제시키고자 하였던 것은 어찌 보면 당연한 일이었다고도 할 수 있다.

사실 어떻게 생각하면 수호자로 자란다는 것은 보통 힘든 일이 아니다. 먹을 것도 마음대로 못 먹고, 입을 것도 마음대로 못입고, 자기 것이라곤 하나도 가지지 못하는 그러한 삶의 연속이다. 차라리 마음대로 먹고 마시고 노는 보통 사람들의 삶이 더 행복할 수도 있지 않겠는가? 하지만 플라톤이 생각하기에 자신의 사업을 하는 사람이 아니라, 정치에 몸을 담은 사람은 적어도 이 정도의 교육은 받고 자라야 부정에 물들지 않고 온전하게 나라를 다스릴 수 있다고 생각했던 것이다. 이것이 바로 플라톤이 생각한 진의(眞意)이다.

■ 글쓰기와 토론을 위한 읽기 자료

다음은 영화 <글레디에이터>(Gladiator, 2000)에 대한 글이다.17) 영화에는 마르쿠스 아우렐리우스 황제가 숨을 거두기 전, 아들 코모두스와 나눈 가상의 이야기가 있다. 거기에서 스토아 철학자였던 아우렐리우스 황제는 '지혜(Wisdom)'와 '용기(Fortitude)', 그리고 '절제(Temperance)'와 '정의(Justice)'를 강조한다. 하지만 아버지와 달리 철학을 경원시했던 코모두스는 '야망(Ambition)'과 '뛰어난 지략(Resourcefulness)', 그리고 '용기(Courage)'와 '헌신(Devotion)'을 강조한다. 아우렐리우스의 견해는 플라톤의 정치철학에 입각한 것이라고 한다면, 코모두스의 견해는 권모술수와 연결되는 마키아벨리의 『군주론』을 연상시킨다. 앞의 두 입장 중에서 한 입장을 골라 논술하되, 다른 입장에 대한 비판적 이해도 개진하라.

> 영화의 시대적 배경은 아우렐리우스 황제와 아들 코모두스의 시대와 정확히 일치한다. 하지만 그 내용은 조금 다르다. 사실 영화가 역사를 그대로 반영한다면, 다큐멘터리지 그게 어디 영화이겠는가? <트로이>(Troy, 2004)가 그러하고 <황산벌>(2003)이 그러하지 않던가? 하지만 우리가 역사를 잘 모르고 영화를 본다고 가정했을 때, 영화가 보여주는 장면 하나하나는 곧바로 역사적 사실로 이해될 가능성이 높다. 특히, 역사를 소재로 하는 영화들은 더욱더 그러하다. <글레디에이터> 역시 예외는

---

17) 이에 대한 원문은 본인의 저서 『그리스 로마 철학 이야기』(2011)를 참고하라.

아니다. 이 영화에 등장하는 인물들 역시 우리의 역사적 상식을 부정하는 많은 장면들이 있다. 그러기에 우리는 영화가 선사하는 재미와는 별도로, 작가와 감독이 역사적 사실을 기초로 하여 이야기를 어떻게 변주(變奏)해 가는지를 살펴보아야 한다. 먼저 영화에 등장하는 아우렐리우스 황제를 보자. 황제 역을 맡았던 인물은 <해리포터> 시리즈에서 호그와트 교장인 알버스 덤블도어로 열연하였던 리처드 해리스이다. 영화를 본 사람들은 알겠지만, 그는 격무에 지쳐 있으면서도 황제로서의 '의무'를 성실히 수행하는 그런 사람으로 그려지고 있다. 실제의 아우렐리우스 황제도 그러하였으리라 생각된다. 스토아 철학자에게 있어 의무는 가장 중요한 덕목 중의 하나였기 때문이다. 그런데 그의 죽음을 둘러싼 영화의 장면들은 많은 부분 허구인 것 같다. 물론 역사적 사실(Fact)에 작가의 상상력(Fiction)이 가미되어 만들어진 것이 '팩션(Faction)'이고, 영화는 그 팩션에 의해 만들어지는 것이지만, 역사적 사실과 너무 배치되는 영화상의 이야기는 일정 부분 재조정되어야만 한다.

가장 우선적으로 음미 되어야 할 것은 아우렐리우스의 죽음과 연관된 문제이다. 영화에서는 코모두스가 아버지를 목 졸라 죽이는데 이는 사실과는 거리가 먼 이야기이다. 왜냐하면 코모두스는 아우렐리우스가 사망하기 3년 전부터 이미 부황과 함께 로마를 다스리고 있었으며, 그 자신을 제외하고서는 딱히 황위를 계승할 만한 인물이 없었는데, 그런 그가 굳이 부친살해라는 극단적인 방법을 동원해서 황위를 차지할 만한 아무런 이유도 없었기 때문이다. 역사적으로는 오히려 코모두스 자신이 그런 방법으로 살해되었는데, 아마도 영화는 그것을 아우렐리우스에게 적용시키고 있는지도 모른다. 어쨌든 아우렐리우스의 죽음은 완전한 허구의 산물로 보아야 한다.

또한 아우렐리우스가 공화정을 지지하여 그의 아들보다는 막시무스 장군에게 권력을 넘겨주고 싶어 했다는 것 역시 역사적 사실과는 거리가 먼 이야기로 보아야 한다. 왜냐하면 아우렐리우스 자신이 200년간 번영을 누려온 5현제 시대의 융성기를 주도했던 인물인데, 그런 그가 굳이 로마를 200년 전의 정치시스템으로 되돌리고자 하는 정치적 모험을 감행할 아무런 이유도 없었기 때문이다. 또한 이미 선정되어 있는 공동 황제를 무시한 채, 한 명의 야전 사령관에게 로마의 전 권력을 물려준다는 것은 당대의 로마 현실을 몰라도 너무 모르는 이야기인 것이다. 역사에는 분명히 임종 전의 아우렐리우스가 주요 야전 지휘관들에게 아들 코모두스를 도와 전쟁을 승리로 이끌 것을 주문하였다고 하는데, 이렇게 볼 때 아우렐리우스가 막시무스에게 권력을 물려주려고 하였다는 것 역시 완전한 허구의 산물로 보아야 하는 것이다.

영화의 주인공이 막시무스(Maximus Decimus Meridius)이다보니 그의 실존성에 대해서도 짚고 넘어가야 할 것이다. 영화에서 막시무스는 자신을 "내 이름은 막시무스 데시무스 메리디우스. 북부군 총사령관이자 펠릭스의 전 영토를 관할하던 장군이며, 진정한 군주이신 마르쿠스 아우렐리우스의 충복이다"라고 소개하고 있다. 그런데 그가 아우렐리우스 황제 치하에서 명성을 떨쳤던 야전군 사령관이었다는 것만은 확실한 역사적 사실인 것 같다. 시오노 나나미에 의하면, 러셀 크로우(Russell Ira Crowe)가 열연하였던 주인공 막시무스는 실제로 아우렐리우스 황제 치하에서 기병대장으로서 명성을 날렸던 '막시미아누스'[18] 장군을 모델로 하고 있다. 그는 아우렐리우스 황제 치하에서 게르마니아의 북부 전선뿐만 아니라, 파르티아의 동부 전선에서도 혁혁한 공을 세웠으며, 아우렐리우스 사후 코모두스 황제 치하에서도 충성을 다하여, 186년에는 황제 다음 가는 자리인 '집정관(Consul)'[19]에까지 오른 인물이었다. 이렇게

---

18) 막시미아누스는 286년부터 305년까지 디오클레티아누스와 함께 로마를 통치하였던 막시미아누스, 정확하게는 마르쿠스 아우렐리우스 발레리우스 막시미아누스 헤르쿨리우스(Marcus Aurelius Valerius Maximianus Herculius)와는 구별되어야 한다.

볼 때, 영화에 등장하는 막시무스 장군은 역사적으로 실존했던 인물을 모델로 할 수 있다.

코모두스의 누이로 등장하는 루킬라(Lucilla)에 대해서도 조금의 교정이 필요하다. 왜냐하면 영화에서는 그녀가 막시무스를 도우고 백성을 사랑했던 선한 사람으로 그려지고 있으나, 실상은 그렇지 않았기 때문이다. 그에게 아들이 있었다는 것 역시 영화에서나 가능한 이야기이다. 기록에 의하면, 그녀는 아우렐리우스 황제와 로마를 공동으로 통치하였던 황제 루키우스 베루스(Lucius Verus, 130~169)와 결혼하였으며, 그가 죽은 후에는 시리아 출신의 총독 폼페이아누스(Pompeianus) 장군과 재혼하였다고 한다. 그런데 '황후'라는 칭호에 애착이 많아, 부화와 재혼을 하더라도 황후 칭호만큼은 계속 쓰게 해달라고 하였다는 기록도 있다. 그런데 그런 그녀가 동생이자 황제였던 코모두스와 사이가 멀어지고, 급기야는 그를 시해하고자 마음먹게 된 데에는 코모두스 황제의 부인이었던 크리스피나(Crispina)의 임신 소문 사건이 직접적인 원인이 되었다. 왜냐하면 그녀가 생각하기에 로마의 유일한 황후는 자신이어야 하는데, 만약 크리스피나가 아이를 낳아 황제로부터 황후라는 칭호를 새로 부여받는다면, 이는 로마의 유일한(?) 황후로서의 자신의 지위가 위태로워질 수 있는 위험한 사태였기 때문이다. 생각이 여기에까지 이르자, 그녀는 크리스피나에게 황후라는 명칭을 부여해 줄 수 있는 권한을 가진 황제를 시해할 음모를 꾸미겐 되었던 것이다. 어리석은 일이 아닐 수 없다. 비록 그 쿠데타는 실패로 끝났지만, 그녀의 배신으로부터 충격을 받은 황제 코모두스는 정신 이상 증세를 보이면서 폭군의 길을 걷게 되었던 것이다. 그런데도 영화에서는 그녀가 막시무스를 도와 로마 시민들을 구하기 위해 노력하는 착한(?) 황족으로 그려지고 있는데, 이는 역사적 사실과는 거리가 먼 이야기인 것이다.

---

19) 코모두스 황제 시대 집정관(Consul)은 황제 다음가는 막강한 자리였다.

하지만 이러한 지적들 때문에 이 영화를 보고 싶어 하는 마음을 접어서는 안 된다. 다시 보고 싶어 하는 마음을 억누르는 것 역시 어리석은 짓일 것이다. 왜냐하면 이 영화는 이런 모든 지적들을 상쇄시킬만한 엄청난 재미와 감동을 내포하고 있기 때문이다.

인상 깊은 장면들이 많지만, 그중에서도 스토아 철학과 연관하여 생각해볼 만한 가치가 있는 명장면으로는 아우렐리우스와 코모두스의 다음 대화이다. 그들이 말하는 4가지 덕목을 주의 깊게 살펴볼 것을 권한다.

아우렐리우스: 로마를 통치할 준비가 되었느냐?
코모두스: 예, 아버님.
아우렐리우스: 넌 황제가 되지 못할 것이다.
코모두스: 저 아니면, 도대체 누가?
아우렐리우스: 막시무스에게 권력을 넘기겠다. 원로원이 통치할 준비가 될 때까지 짐의 권력을 대신할 것이다. 로마는 공화국으로 다시 돌아간다.
코모두스: 막시무스?
아우렐리우스: 그래, 내 결정에 실망했느냐?
코모두스: 언젠가 아버진 저에게 네 가지 덕목을 적어줬었죠. '지혜(Wisdom)', '정의(Justice)', '용기(Fortitude)' 그리고 '절제(Temperance)'. 전 해당되는 게 아무것도 없더군요. 하지만 저도 내세울 게 있어요. '야망(Ambition)', 남들보다 앞서게 해주는 덕목이죠. '뛰어난 지략(Resourcefulness)'과 '용기(Courage)', 전쟁터의 용맹에 못 미칠지라도 딴 종류의 용기도 많잖아요. '헌신(Devotion)', 저의 가족과 아버님께요. 그런 제 장점은 목록에 없었고, 아들로도 원치 않는 것 같았어요.
아우렐리우스: 코모두스 그건 지나친 억측이야.
코모두스: 신들께 끊임없이 빌어 왔어요. 아버님을 기쁘고 영

광되게 해 드릴 길을 가르쳐 달라고요. 단 한 마디 따뜻한 말로, 저를 애정으로 포용만 해주셨어도, 평생의 기쁨으로 삼았을 거예요. 저의 무엇이 그토록 싫은 거죠? 제가 진정 원했던 것은 아버님 기대에 부응하는 거였어요, 아버님.

아우렐리우스: 코모두스. 네가 자식답지 못한 건, 이 아비가 부족한 탓이었어. 안아다오.

코모두스: 아버님! 날 미워하신 은혜의 대가로 세상을 피로 짓밟고 말겠어요. (이 말을 하면서 코모두스는 아우렐리우스를 목 졸라 죽인다.)

정리하면, 아우렐리우스는 '지혜(Wisdom)'와 '용기(Fortitude)', 그리고 '절제(Temperance)'와 '정의(Justice)'를 강조하나, 코모두스는 '야망(Ambition)'과 '뛰어난 지략(Resourcefulness)', 그리고 '용기(Courage)'와 '헌신(Devotion)'을 강조한다. 후자는 마키아벨리(Machiavelli, Niccolo, 1469~1527)적인 '권모술수'를 연상시키고, 전자는 플라톤적인 정치이념과 연관되어 있다. 구체적으로 말해, 여기에 등장하는 지혜와 용기, 그리고 절제와 정의라는 4가지 덕목은, 원래 플라톤의 『국가』에서 강조하였던 개념이다. 그에 의하면, 국가는 국정을 책임지고 있는 '철학자-통치자 그룹'과 그들을 도와주는 '수호자 그룹' 그리고 생산을 담당하고 있는 '생산자 그룹'으로 나누어지는데, 이 그룹들에는 각각 지혜, 용기 그리고 절제의 덕목이 요구된다. 정의는 이 세 그룹들 간의 조화에서 획득되는 덕목이다.

이러한 플라톤의 덕 개념은 헬레니즘과 중세를 거치면서 서구 사회의 주요한 덕론으로 자리를 잡았으며, 특히 스토아 철학자들에 의해서는 구체화되었다. 즉 스토아 철학자들은 이 4가지 덕목들을 통하여 현실의 고통과 죽음에 대한 두려움을 이겨내려고 힘썼으며, 그러한 덕목의 실천자인 소크라테스를 삶의 모델로 이상시하였다. 또한 그들은 현실 세계의 정치 지도자들에게도 동일한 기준을 적용하였는데, 스토아 철학자 아우렐리우스가 강조하였던 통치자의 모습 또한 이런 것이었던 것이다. 하지만 위에서 언급하였듯이, 코모두스는 이러한 이상적인 통치자 상과는 거리가 멀었으며, 오히려 마키아벨리적인 '권모술수'에 더 능숙하였던 것이다. 이처럼 영화는 아우렐리우스와 코모두스의 대화를 통하여 '참된 리더십'의 본질에 대해서 묻고 있는 것이다.

3) 국가의 올바름과 영혼의 올바름

동서고금을 막론하고, 3이라는 숫자는 신성한 것으로 숭배되어 왔다. 기독교에서는 '삼위일체'로 불교에서는 '삼보(三寶)'로 그리고 우리나라 문화에서는 '삼세판' 등으로 이해되어 왔다. 플라톤 역시 3이란 숫자를 중요한 범주의 틀로 사용한다. 국가도 세 부류로 나누고 영혼도 세 부류로 나누고 있기 때문이다.

국가의 가장 중요한 부류는 수호자들의 수호자들인 '통치자들'이다. 수호자들 중에서 오랫의 훈련과 시험을 거쳐 마지막에 선발된 사람들이다. 그 누구보다도 이성적이고 지혜로운 사람이다. 다른 두 부류에 비해서 극히 소수의 사람들로 이루어진 집단이나, 그들이 가진 지혜나 통찰은 엄청나다. 철인 왕도 이 중에서 나온다. 이처럼 철인 왕은 단수가 아니라 복수이다.

그다음 부류는 수호자들이다. 통치자들을 보조하는 사람들이다. 실제적으로는 나라를 지키는 전사그룹이다. 무엇보다도 용기 있는 사람들이며, 법에 의한 교육을 통해 두려워할 것을 알고 그것을 잘 보전하는 사람들이다. 고통, 쾌락, 욕망 그리고 공포에 직면해서도 한결같이 자기 자신을 지키는 그러한 사람들이다. 동양적 개념으로 말하면, 맹자가 강조하는 '호연지기(浩然之氣)'와 같은 것이다. 스토아 철학자들이 말하는 '부동심(apatheia)'을 실천하는 사람이라고도 할 수 있다.

마지막 부류는 일반 시민들이다. 플라톤 말로 하자면 '돈벌이를 하는 사람들'이다. 가장 많은 수의 사람들이 속해 있으며, 다양한 직업을 가진 사람들로 포진되어 있다. 모든 사람들이 잘 먹고 잘 살 수 있는 온갖 것들을 만드는 데 종사하는 그런 사람들이다. 다른 부류들에 비해 비중이 떨어진다고도 볼 수 있으나, 이 사람들 없이는 국가는 존속할 수 없다. 현대에 들어설수록 그 비중이 점점 더 중요해지는 그룹이다.

하지만 플라톤이 무엇보다도 중요하게 생각하였던 것은 이 세 부류들 간의 '조화'이다. 그것이 바로 국가의 올바름이다. 모든 사람들이 '한마음 한뜻'이 되어 훌륭한 나라를 만들어야 된다는 것이 그의 생각이다. 그런데 그렇게 되려면, 국가의 구성원들 모두가 각자 자신에게 주어진 일을 충실하게 해야 한다. 만약 그렇지 않고 세 부류가 서로 참견하거나 직분을 맞바꾼다고 한다면, 그러한 나라는 망하고 말 것이다. 이것이 국가의 올바름에 대한 플라톤의 생각이다.

개인의 영혼도 마찬가지이다. 플라톤은 우리 인간의 영혼이 이성적인 부분, 기개적인 부분, 그리고 정욕적인 부분으로 나누어져 있다고 한다. 이른바 '영혼삼분설'이다. 그리고 이성적인 부분의 주도에 의한 세 부분의 조화는 바로 영혼에 있어서의 올바름과 동일시된다. 소크라테스는 다음과 같이 영혼의 조화를 이야기한다.

> "사실 올바름이 그런 어떤 것이긴 한 것 같으이. 하지만 그것은 외적인 자기 일의 수행과 관련된 어떤 것이 아니라, 내적인 자기 일의 수행, 즉 참된 자기 자신 그리고 참된 자신의 일과 관련된 것일세. 자기 안에 있는 각각의 것이 남의 일을 하는 일이 없도록, 또한 혼의 각 부류가 서로들 참견하는 일이 없도록 하는 반면, 참된 의미에 자신의 것인 것들을 잘 조절하고 스스로 자신을 지배하며 통솔하고 또한 자기 자신과 화목함으로써, 이들 세 부분을, 마치 영락없는 음계의 세 음정, 즉 최저음과 최고음 그리고 중간음처럼, 전체적으로 조화시키네. 또한 혹시 이들 사이의 것들로서 다른 어떤 것들이 있게라도 되면, 이들마저도 모두 함께 결합시키는, 여럿인 상태에서 벗어나 완전히 하나인 절제 있고 조화로운 사람으로 되네, 이렇게 되고서야 그는 행동을 하네."(443c-d)

이 부분은 영혼의 조화를 음악의 조화와 연결시켜 언급하는 대목이다. 자기를 돌아보게 하는 마음의 양식이기도 하다.

■ 글쓰기와 토론을 위한 읽기 자료

다음은 영혼삼분설과 관계된 논문의 일부이다.[20] 이 글에는 '목마른 사람'의 비유와 '레온티노스의 이야기'가 등장한다. 전자는 인간 영혼의 이성적인 부분과 욕구적인 부분의 충돌을 그린 것이며, 후자는 이성적인 부분과 격정적인 부분의 충돌을 그린 것이다. 물론 플라톤에게 있어 인간 영혼의 세 부분은 조화를 이루는 것이 당연하지만, 그 과정은 그리 간단치가 않다. 아래의 글을 읽고 인간 영혼의 이성적인 측면과 격정적인 측면 중 현대사회에서 더 유의미한 것이 무엇인지를 논하라. 단, 다른 측면에 대한 비판적인 논의도 개진하라.

> 목마른 사람에게 있어 목마름이라고 하는 욕구 그 자체는 '선한 것' 또는 '최고로 좋은 그러한 것'에 관한 욕구가 아니다. 오히려 그것은 "마실 것 자체"(439a)에 대한 맹목적이고도 무차별적인 욕구이다. 따라서 플라톤의 소크라테스는 목마른 사람의 영혼은 "마시는 것 이외의 다른 어떤 것도 하고자 하지 않고, 마시기만을 갈구하며 이를 위해 서두르는 것"(439a-b)이라고 단정적으로 규정하고 있는 것이다. 이렇게 볼 때, 인간에게 있어 욕구라는 것은 영혼으로 하여금 단지 '선하게 보이는 것' 또는 '좋게 보이는 것'을 이성과 무관하게 맹목적, 무차별적으로 추구하게 만드는 그러한 것이다. 그러기에 우리의 영혼은 이성에 근거하여 선하고 유익한 것 그러한 것을 지향해야 하지, 만약 그렇지 못할 경우에는 악하고 해로운 것에 쉽사리 노출될 수 있다는 것이 플라톤의 생각이다. 즉 만약 우리의 영혼이 맹목적으로 마시기만을 강제하는 욕구에 이끌려 마시는 것 그 자체에만 집착한다면, 우리의 영혼은 그것이 '좋은 것'

20) 이에 대해서는 다음 논문, 즉 『고대 그리스 철학의 감정 이해』에 실린 본인의 논문 "플라톤의 『국가』에 나타난 중간자적 존재로서의 영혼의 '격정적인 부분'과 '영혼의 습관화' 문제"를 참고하라. 가독성을 높이기 위해 일부 각주는 생략하였다.

인지 아니면 '나쁜 것'인지, 그리고 그것이 '이로운 것'인지 아니면 '해로운 것'인지에 대한 전반적인 이해를 결여한 채 비이성적, 비합리적으로 판단할 수 있다는 것이다. 그러기에 플라톤의 소크라테스는 욕구에 대한 이성의 우월성을 다음과 같이 정리한다.

"그렇다면, 그 사람들에 관해서는 뭐라 말할 수 있을까? 그들의 혼 안에는 마시도록 시키는 것이 있는가 하면, 마시는 걸 막는 것이, 즉 그러도록 시키는 것과는 다르면서 이를 제압하는 게 있지 않은가?"
(...)
그러니까 이런 것들을 막는 것이 정작 생기게 될 경우에, 이것은 헤아림(추론: logismos)으로 해서 생기지만, 반면에 그쪽으로 이끌고 당기는 것은 어떤 처지나(감정: pathemata) 병적인 상태로 인하여 생기는 것이 아니겠는가?"(439c-d) (...)
"따라서 우리가 이것들을 두 가지 서로 다른 것들로 보고서, 그것으로써 혼이 헤아리게(추론하게) 되는 부분(면)을 혼의 헤아리는(추론적, 이성적: logistikon) 부분이라 부르는 반면, 그것으로써 혼이 사랑하고 배고파하며 목말라하거나 또는 그 밖의 다른 욕구들과 관련해서 흥분상태에 있게 되는 부분은, 어떤 만족이나 쾌락들과 한편인 것으로서, 비이성적(헤아릴 줄 모르는: alogistikon)이며 욕구적인(epithymetikon) 부분이라 부른다 해도, 결코 불합리하지는 않을 걸세."(439d)

이처럼 목마름의 비유를 통하여 플라톤의 소크라테스는 욕구가 존재하는 대상에 대한 무차별적이고 맹목적인 욕구임을 비판하면서, 우리의 영혼이 대상에 대한 합리적이고 분별 있는 욕구인 이성을 따르도록 강조하고 있는 것이다.

다음으로 영혼의 이성적인 부분과 격정적인 부분의 관계성은

레온티노스의 이야기를 통하여 고찰된다. 주지하다시피, 이 이
야기는 레온티노스가 한편으로는 시체보기를 원하면서도 또
다른 한편으로는 시체보기를 외면하려 하였다는 사례를 두고
이야기되는 것으로, 플라톤의 소크라테스는 여기에서 레온티노
스가 영혼의 욕구적인 부분이 아니라 욕구적인 부분에 저항하
는 강력한 힘인 "분노"(orgē)(440a)의 감정이 이끌렸다는 사건
에 주목한다. 이는 인간 영혼 안에 욕구적인 충동에 반하는 격
정적인 부분, 그리고 이성과 연관된 그 격정적인 부분의 윤리
적, 도덕적 판단이 존재하고 있음을 말해주고 있는 것으로, 여
기에서 플라톤의 소크라테스는 영혼의 격정21)적인 부분이 지
니고 있는 이중적인 특징에 주목한다. 즉 영혼의 격정적인 부
분은 이성적인 부분과 욕구적인 부분의 중간 지대에 자리매김
하고 있으면서, 한편으로는 이성적인 부분과 욕구적인 부분의
특징을 동시에 가지고 있으면서도, 또 다른 한편으로는 이성적
인 부분 및 욕구적인 부분과 차별화되는 제3의 존재로 자리
잡고 있는 것이다. 다시 말해, 격정적인 부분은 이성적인 부분
과 욕구적인 부분의 중간자적인 존재인 것이다. 우선적으로,
영혼의 격정적인 부분은 욕구적인 부분과 동근원적이다. 이 두
부분은 모두 이성적인 부분이 아니라는 공통된 특징이 있다.
그런 점에서 그 두 부분은 이성적인 부분과 강하게 대립한다.
하지만 그럼에도 불구하고 격정적인 부분은 이성적인 부분과
도 연결되어 있다. 왜냐하면 욕구적인 부분과 달리 격정적인
부분은 어떤 특정한 대상을 도덕적, 윤리적으로 판단할 때에는
항상 이성적인 부분에 근거하여 합리적으로 판단하기 때문이
다. 이런 점에서 격정적인 부분은 이성적인 부분과 함께 욕구
적인 부분에 강하게 대립한다. 영혼의 격정적인 부분들이 지닌
사례들, 즉 "분노"(440a)나 "승리 - 애" 그리고 "명예 - 사랑"(581b)

---

21) 격정이라는 개념은 기본적으로 '경쟁심'이나 '자존심', 또는 '명예감' 등과 연
관된 것임을 알 수 있다.

등의 감정은 모두 이성적인 부분과의 연관성 속에서 발생된 도덕적, 윤리적 감정들이다. 다시 말해, 이러한 도덕적 감정들은 이성적인 판단이 결핍되어 있을 때에는 발생되지는 않는 그러한 것이다. 이처럼 레온티노스 이야기는 격정적인 부분이 욕구적인 부분보다 이성적인 부분과 밀접하게 연관되어 있다는 것을 보여주는 하나의 사례이다. 다음은 이와 연관된 소크라테스의 언급이다.

"격정적인 부분과 관련해서 우리가 보게 된 것이 방금 전과는 정반대로 되었다는 것일세. 아까는 이를 욕구적인 것으로 우리가 생각했었지만, 지금은 그렇기는커녕, 혼의 내부에 있어서 헤아리는(이성적인) 부분을 위해 무장을 한다고 우리가 말하고 있으니까 말일세."(440e)

하지만 그럼에도 불구하고 영혼의 격정적인 부분은 이성적인 부분과 동일시될 수 없는 존재이다. 그런 점에서 그것은 분명 한계를 안고 있다. 왜냐하면 영혼의 격정적인 부분은 이성을 동반하지 않으면 욕구와 선택적 친화력을 형성하며, 그런 한에서 그것은 욕구적인 부분과 연속적인 관계에 있기 때문이다. 주지하다시피, 영혼의 이성적인 부분은 선한 것과 악한 것 또는 좋은 것과 나쁜 것에 대한 전반적인 판단 또는 합리적인 이해력을 행사한다. 그런데 영혼의 이성적인 부분과 비교해서, 격정적인 부분은 선한 것과 악한 것 또는 좋은 것과 나쁜 것에 대한 일반적인 이해력을 소유하고 있지 못하다. 이런 점에서 볼 때 격정적인 부분은 합리적인 이성 없이는 욕구가 제공하는 충동에 쉽사리 노출될 수 있는 것이다. 우리는 그러한 사례를 오디세우스의 사례를 통해서도 확인할 수 있다.[22] 다음은

---

22) 이에 대한 사례는 호메로스의 『오디세이아』 20.17에 있다. 여기에서 오디세우스는 귀향한 후 자신의 왕궁에서 페넬로페의 하녀들이 못된 짓을 하는 것을 보고서는 크게 분노하였다. 하지만 그럼에도 불구하고, 그는 자신의 완벽한 복

그것과 연관된 소크라테스의 언급이다.

"우리가 인용했던 호메로스의 그 구절도 이를 증언하고 있네. 즉 '하나, 그는 제 가슴을 치면서 이런 말로 제 심장을 나무랐다'라는 구절 말일세. 이 구절에서 분명히 호메로스는 더 나은 것과 더 못한 것에 관해서 헤아려 본 부분이 헤아릴 줄 모르고 격하여지는 부분과 서로 다른 것으로서, 한쪽이 다른 쪽을 나무라는 것으로 묘사하고 있으니까 말일세."(441b-c)

이처럼 플라톤의 소크라테스에게 있어 영혼의 격정적인 부분은 이성에 의해서 보충 내지는 매개 되지 않고서는 욕구에 노출될 수 있는 나약한 존재인 것이다.

3. 통치자들은 어떻게 교육받아야 하는가?

플라톤의 전 대화편이 그러하듯이, 『국가』는 현실에 대한 반성이다. 거기에는 아테네 정치 현실에 대한 플라톤의 비판이 고스란히 담겨 있다. 그러기에 우리는 이 대화편을 풍자소설 읽듯이 읽어야 한다.

조나단 스위프트의 『걸리버 여행기』는 꽤 많이 알려진 소설이다. 의사 걸리버가 소인국(릴리펏)과 대인국(브롭딩낵), 그리고

수를 위해 "제 가슴을 치면서" 자신의 격정을 억누른다. 그런데 이때 오디세우스는 순간적 격정보다는 철저하게 이성에 근거하여 행동하고 있음을 알 수 있다.

하늘을 나는 나라(라퓨타)와 마인국(휘넘국)을 여행하고 왔다는 그런 내용이 들어 있다. 이 소설에서 조나단 스위프트는 당시 18세기 영국의 정치 현실을 신랄하게 풍자하고 있는데, 우리가 지금 공부하는 『국가』 역시 이러한 풍자문학의 일종으로도 이해할 수 있다.

그런데 『걸리버 여행기』와 달리, 『국가』에는 '교육'에 대한 강한 비판이 담겨져 있다. 풍자를 통하여, 그는 무엇보다도 아테네의 교육 시스템을 바꾸고 싶어 했다. 왜냐하면 이러한 교육 시스템을 바꾸지 않고서는 국가를 지키는 수호자들에 대한 교육, 즉 통치자들에 대한 교육을 제대로 수행할 수는 없다고 생각했기 때문이다. 이런 점에서 그의 『국가』는 『걸리버 여행기』보다 더 교육철학적인 가치가 풍부한 작품이라고 할 수 있다.

플라톤의 교육 시스템은 가장 훌륭한 통치자를 길러 내는 데 집중하고 있다. 물론 여기에서는 철학교육이 가장 중요하다. 여러 가지 예비공부를 마스터하고 난 이후, 국가의 통치자가 될 사람들이 배워야 할 가장 심오한 공부는 바로 이데아의 이데아인 '좋음의 이데아'에 관한 관조(觀照) 공부이다. '태양의 비유'와 '선분의 비유'는 '좋음의 이데아'를 설명하기 위해 플라톤이 고안해 낸 상징적 장치이다.

1) 태양의 비유

좋음의 이데아에 대한 논의는 굉장히 어렵다. 플라톤 역시 이것을 잘 알고 있다. 그리하여 그는 모든 이데아들의 원리이자, 선한 것들 중의 선한 것인 이 이데아에 대한 직접적인 설명을 뒤로 미룬 채, 비유와 상징으로 대신한다.

우선적으로 좋음의 이데아는 존재의 원리이자 인식의 원리이다. 바꾸어 이야기하면, 그것은 현상 세계의 태양과 같이 이데아 세계의 태양인 것이다. 즉 마치 태양이 자신의 빛으로 존재하는 모든 것들을 비추어 현상 세계의 모든 사물들을 볼 수 있게 해 주듯이, 좋음의 이데아는 이데아들을 비추어 그것을 인식할 수 있게끔 해주는 것이다. 그리고 마치 태양이 자신의 에너지로 세상에 존재하는 모든 식물들과 동물들을 생존케 해 주듯이, 그것 역시 다른 이데아들에게 '이데아다움'과 '있음'을 제공해 주기 때문이다.

이처럼 플라톤은 이데아 세계에서 좋음의 이데아가 차지하는 위상이 현상세계에서 태양이 차지하는 위상과 동일한 것으로 설명한다. 다음은 태양의 비유와 연관된 소크라테스의 이야기이다.

"그러므로 인식되는 것들에 진리를 제공하고 인식하는 자에게 그 힘을 주는 것은 좋음의 이데아라고 선언하게. 이 이데아는 인식과 진리의 원인이지만, 인식되는 것이라 생각하게나. 반면에 이 둘이, 즉 인식과 진리가 마찬가지로 훌륭한 것들이기는 하지만, 이 이데아는 이것들과도 다르며 이것들보다 한결 더 훌륭한 것으로 믿는다면, 자넨 옳게 믿게 되는 걸세. 그러나 인식과 진리를, 마치 가시적 영역에 있어서의 빛과 시각을 태양과도 같은 것으로 간주하는 것은 옳지만, 태양으로 믿는 것은 옳지 않듯, 마찬가지로 여기에서도 이들 둘을 좋음을 닮은 것으로 간주하는 것은 옳으나, 어느 쪽 것도 좋음이라 믿는 것은 옳지 않다네. 오히려 좋음의 처지를 한 층 더 귀중한 것으로 준중 해야만 하네."

"태양은 보이는 것들에 '보임'의 '힘'을 제공해 줄 뿐만 아니라, 또한 그것들에 생장과 성장 그리고 영양을 제공해 준다고 자네가 말한 것으로 나는 생각하네. 그것 자체는 생성이 아니면서 말일세."

"어찌 그것이 생성일 수 있겠습니까?"

"그러므로 인식되는 것들의 '인식됨'이 가능하게 되는 것도 좋음으로 인해서일 뿐만 아니라, 그것들이 존재하게 되고 그 본질을 갖게 되는 것도 그것에 의해서요, 좋음은 단순한 존재가 아니라, 지위와 힘에 있어서 '존재를 초월하여(epekeina tes ousias)' 있는 것이라고 말하게나."(508~509)

우선 기억해야 될 것은 이데아가 완전한 존재라는 것이다. 플라톤에겐 이데아만이 참된 존재이고 다른 것들은 불완전한 것들이다. 이러한 이데아들도 좋음의 이데아에 비하면 불완전한 것으로 드러난다. 왜냐하면 좋음의 이데아는 완전한 이데아를 초월해 있기 때문이다. 그런데 존재를 초월해 있다면 무엇이란 말인가? '무'인가? 하지만 플라톤의 사유에선 존재를 초월해 있는 무란 개념은 없다. 왜냐하면 플라톤에게 있어서 좋음의 이데아는 알 수 있는 것이고, 최상의 공부인 변증법의 궁극적인 탐구대상이기 때문이다. 그러기에 좋음의 이데아를 무와 동일시하는 것은 위험한 발상이다.

그런데 기원후 3세기에 이르면 신플라톤주의의 시조인 플로티노스(Plotinos)가 등장해 플라톤의 좋음의 이데아를 새롭게 해석하고 그것을 '하나(The One)'로 언급한다. 그는 존재하는 온갖 것들이 일자에 의해서 생겨나고 일자로 되돌아간다고 주장한다. 다음은 그의 말이다.

"선을 알게 되는 것, 즉 선과 접촉하는 것은 대단히 중요한 일이다. 이는 - 우리가 읽은바 - [23] 위대한 가르침이다. 이는 곧바로 선을 바라봄이 아니라 먼저 선에 대한 지식을 얻는 가르침임을 깨닫는 것이다. 우리는 유추와 추상에 의하여, 그리고 선의 속성 및 선으로부터 흘러나오는 모든 것을 이해하게 됨으로써, 선을 향하여 위로 올라감으로써 이 가르침에 다다르는 것이다. 정화의 마지막 목적은 선이다. 그러므로 모든 미덕은 올바른 질서를 갖추어 지성의 세계로 올라가 그곳에 자리 잡고서 신들과 잔치를 열게 된다. 이 같은 방법으로 우리는 스스로에게나 다른 모든 이에게 보이는 자인 동시에 보는 자가 된다. 존재 그리고 '지성(Nous)'와 같게 되고 완전한 생명체가 되어 지고한 분인 더 이상 낯설게 보이지 않는다. 우리는 이제 가까이에 있다. 다음이 바로 그것인바, 지성 위에서 빛을 발하며 손에 닿을 듯 가까이 와 있다.

여기에 이르면 모든 배움을 제쳐두어야 한다. 이러한 절정에 이르도록 훈련되고 아름다움을 갖춘 탐구하는 영혼은 머물러 있는 곳의 지식을 계속 가지고 있다. 그러나 '별안간' 아래로

---

23) 플라톤의 『국가』를 가리킨다.

부터 솟구치는 지성의 파도 꼭대기에 휩쓸려 어떻게 된 것인지도 모르게 위로 들어 올려지면서 눈이 뜨이게 된다. 눈에는 비전으로 빛이 넘친다. 하지만 어떤 물체를 보이게 하는 빛이 아니라 빛 그 자체가 비전이다. 이젠 더 이상 보이는 것도 보이게 해주는 빛도 없으며 지성도 지력의 대상도 없다. 이 빛나는 광채야말로 후일의 필요를 위하여 지성과 지력을 낳아 탐구하는 자의 정신 속으로 파고들게 되는 것이다. 이리하여 영혼은 이 광채와 스스로 하나가 되고, 이 광채의 활동은 지적 원리를 낳는 것이다.”(『엔네아데스』 Ⅵ.7, 배성옥 역)

아마도 그리스도교의 영향하에서 그리스도교의 창조신을 염두에 두다 보니까 일자에 대해서 초월적인 생각을 하지 않았는지 추측해본다. 그의 이러한 생각은 플라톤 철학의 새로운 버전이라고 할 수 있는데, 우리는 그런 플로티노스의 철학을 ‘신플라톤주의’라고 부른다.

2) 변증법 공부

플라톤에게 변증법이란 좋음의 이데아를 인식하는 관조의 공부방법이다. 통치자들이 반드시 배워야 하는 것이며, 온전한 수호자들을 양성하기 위한 마지막 공부이기도 하다.

“그러면 자네는 각각의 것의 본질에 대한 설명을 해낼 수 있는 자를 변증술에 능하다고 지칭하는가? 그리고 그럴 수 없는 자를, 자신에게도 남에게도 설명을 해 줄 수 없는 한은, 그것과 관련해서 그는 그만큼 지성을 갖추지 못하고 있다고 자넨 말하는가?"

"어떻게 갖추고 있다고 말하겠습니까?" 그가 반문했네.

"그러니까 좋음의 경우에도 이는 마찬가지이겠지? 논의를 통해서 좋음의 이데아를 다른 모든 것에서 분리시켜 구별할 수 없는 자가, 그리고, 마치 전투에서처럼, 모든 논박을 헤쳐나가며 의견 아닌 본질에 따라 논박하도록 열의를 다하여 이 모든 경우에 있어서 결코 넘어지지 않을 주장으로써 뚫고 나가지 못하는 자가, 이런 처지에 있는 자가 좋음 자체를 알고 있다고도 자네는 말하지 않겠지만, 그 밖의 다른 좋은 걸 알고 있다고도 자네는 말하지 않을 걸세. 그러나 만약에 어떻게 해서 좋음의 어떤 영상을 포착한다면, 그는 인식 아닌 의견에 의해서 포착하게 되는 것이라고 자네는 말할 것이며, 또한 현재의 삶을 꿈을 꾸며 조는 상태로 보내는 사람으로서, 이 세상에서 미처 깨어나기도 전에, 저 세상에 미리 이르러, 완전히 잠들어 버리게 될 것이라고 자넨 말하겠지?"(534)

플라톤은 통치자들에 대한 교육 프로그램은 체계적으로 이루어져야 한다고 생각하였다. 특징적인 것은 나이에 맞추어 구체적으로 교육 프로그램이 준비되어 있다는 것이다. 먼저 17, 8세까지는 수학, 체육, 문학, 음악 등 수호자들이 알아야 할 기초적인 것들을 공부한다. 비교적 자유롭게 수업이 진행된다. 이 과정이 끝나고 나면, 약 2~3년 동안 집중적인 체육 교육이 진행된다. 거의 현대식 군사훈련을 방불케 하는 그런 교육이다. 이 과정이 끝난 뒤, 약 10년간, 그러니까 30세까지는 변증법 공부를 위한 예비적인 공부를 마스터한다. 수학과 연관된 여러 가지 과목을 종합적으로 공부한다. 이후 35세까지는 가장 중요한 이론공부인 변증법 공부에 매진한다. 그다음, 50세까지 약 15년 동안 통치자가 되기 위한 실제적인 업무능력을 배양한다. 물론 이때에도 이론 공부는 지속된다. 50세 이후에는 가장 우수한 자들이 모여 좋음의 이데아를 관조하고 철학에 전념한다. 차례대로 통치자가 되어 나라를 다스리는 일에 열중한다. 이것이 플라톤이 생각한 엘리트 교육 프로그램의 대강이다.

3) 선분의 비유와 동굴의 비유

선분의 비유는 플라톤의 인식론을 설명한 것이다. 사실 인식론이란 개념은 에피스테몰로지(epistemology)라고 하는데 이것은 앎을 뜻하는 그리스어 '에피스테메'(epistēmē)와 논리를 뜻하는 그리스어 '로고스'(logos)가 합쳐진 말이다. 그런데 이때 에피스테메라는 말은 바로 플라톤이 최고의 앎이라고 칭한 '지성에 의한 앎'의 또 다른 이름이다. 그러기에 우리가 흔히 말하는 인식론이라 하는 것은 바로 이 최고의 앎을 획득하기 위한 공부방법인 것이다. 크게 보아 플라톤은 우리의 앎을 4단계로 나누는데, 여기에는 앎이 근거하고 있는 4개의 대상들이 있다.

첫 번째로 생각해 볼 수 있는 앎의 단계는 '상상'이다. 허깨비, 짐작 그리고 추측이라는 이름으로도 불린다. 이것과 연관된 앎의 대상은 그림자이다. 실체가 없는 그런 것들이다. 마치 동굴의 비유에서 벽에 비친 그림자와 같은 것이다. 좀 더 자세히 말하자면, 햇빛도 들어오지 않는 동굴 속에서, 오직 횃불에 반사된 그림자의 흔적만을 앎의 대상으로 알고 사는 그러한 사람들의 심리 상태와 같다. 가장 낮은 앎의 단계이다.

두 번째로 생각해 볼 수 있는 앎의 단계는 '믿음'이다. 신념이나 확신이라고도 한다. 믿음이 관계하는 대상은 실물들이다. 동물과 식물, 그리고 인공물 등과 같은 것들이다. 세상에 존재하는 온갖 것들에 대한 주관적 믿음이나 심리적 상태를 말한다. 개별적인 사물에 대한 판단이 우선하며, 이데아에 대한 앎은 없다. 그런데 이 단계에서 반성이 일어나면 추론적 사고의 단계로 이행한다. 이런 점에서 믿음은 지성을 매개로 하진 않지만 참된 지식을 예비할 수 있다. 하지만 이 단계에서의 앎은 지속되지는 않는다. 우연적인 것이 대부분이다. 그러하기에 믿음의 단계는 필연적으로 더 높은 단계로의 이행을 요구한다.

세 번째로 언급할 수 있는 앎의 단계는 '추론적 사고'이다. 때에 따라서는 오성이라고도 번역된다. 그것이 관계하고 있는 대상은 수학적인 것들이다. 로고스를 동반해서 이루어지는 인간의 모든 지적인 작업들이 여기에 속한다. 대표적인 학문을 꼽자면 수학이 있다. 사실 플라톤은 수학자들이 하는 공부에 대해서 부정적이다. 왜냐하면 그들은 정해진 가설에 입각해 진리를 탐구하였기 때문이다. 이런 점에서 플라톤이 수학자들의 앎의 단계를 두번째로 자리매김하는 데에는 그럴만한 이유가 있다.

마지막으로 언급할 수 있는 앎의 단계는 '지성에 의한 앎'이다. 플라톤이 생각하는 가장 완전한 앎이다. 이에 상응하는 대상은 이데아 또는 형상들이다. 좋음의 이데아도 여기에 속한다. 사람들이 이러한 앎을 획득하기 위해서 공부해야 하는 것은 변증법이다. 플라톤 변증법에서 특징적인 것은 가설에서 출발하나 궁극에 가서는 가설 그 자체를 초월하는 것이다. 어쨌든 플라톤은 이러한 단계의 앎을 획득한 사람만이 통치자가 될 수 있는 자격을 가진다고 한다. 다음은 이러한 앎과 연관된 소크라테스의 언급이다.

> "그러면 지성에 의해서 알 수 있는 종류의 다른 한 부분으로 내가 뜻하는 것은 다음 것이라 이해하게나. 이는 이성 자체가 변증법적 논변의 힘에 의해서 파악하게 되는 것으로서, 이때의 이성은 가정들을 원리로서가 아니라 문자 그대로 밑에 놓은 것들로서 대하네. 즉 무가정의 것에 이르기까지 모든 것의 원리로 나아가기 위한 발판들이나 출발점들처럼 말일세. 이성 자체가 이를 포착하게 되면, 이번에는 이 원리에 의존하고 있는 것들을 고수하면서, 이런 식으로 다시 결론 쪽으로 내려가되, 그 어떤 감각적인 것도 전혀 이용하지 않고, 형상들 자체만을 이용하여 이것들을 통해서 이것들 속으로 들어가서, 형상들에서 또한 끝을 맺네."(511)

만약 플라톤의 『국가』에서 제일 유명한 이야기를 꼽으라고 한다면, 열에 아홉은 다들 동굴의 비유라고 할 것이다. 그처럼 동굴의 비유는 플라톤 철학 전체를 상징화하는 그림일 것이다. 하지만 그럼에도 불구하고 동굴의 비유가 지닌 참모습은 잘 드러나고 있지 않다. 아마 너무 많이 등장하다 보니, 소홀하게 취급되는 점이 없지 않아 있는 것 같다. 하지만 철학의 역사에서 동굴의 비유가 지니는 존재론적·윤리학적 의미는 결코 과소평가되어서는 안 된다. 왜냐하면 동굴의 비유는 플라톤 철학에 대한 가장 입체적인 설명을 시도하고 있기 때문이다.

　우선 동굴은 현상세계를, 동굴 밖은 참된 실재 세계를, 그리고 죄수는 철학자를 상징한다. 동굴 속에는 많은 죄수들이 살고 있다. 그들은 어릴 때부터 그곳에서만 살았기 때문에 신체의 어떤 부위도 마음대로 움직일 수가 없다. 오직 동굴 벽만을 바라볼 수 있을 뿐, 그 어떤 것도 볼 수가 없다. 그들의 뒤에는 사람 모형과 동물 모형의 상들을 나르는 사람들이 있다. 그 사람들 뒤에는 불이 있으며 그 불 뒤에는 동굴의 입구가 자리하고 있다. 이런 상황에서 죄수들이 볼 수 있는 것이라곤 벽에 비친 사람 모형과 동물 모형의 그림자들뿐이다. 그들은 참으로 존재하는 것들의 본질을 알지 못하기에 벽에 비친 그림자를 실재하는 것으로 인식하고 있다. 그런데 어느 날 죄수들 중 한 사람이 자신의 사슬을 끊고, 불빛이 있는 곳으로 걸어나간다고 가정해보자. 그러면 그는 그림자의 실제 대상들을 직접 보게 될 것이다. 그는 아주 놀랄 것이고, 그 놀라움에 의해서 더욱더 참된 것을 찾아 떠날 것이다. 그리고는 동굴 입구를 비추는 태양 빛을 보게 될 것이다. 물론 처음에는 햇빛에 비친 그림자를 보게 될 것이나, 차츰차츰 사물 그 자체를 보게 될 것이다. 나아가 태양의 밝은 빛을 통하여 세상에 존재하는 모든 것들을 직접 보게 될 것이다. 그런데 너무나 놀라운 경험을 한 죄수는 다시 동굴로 돌아와 자신의 친구들에게 자신이 본 것을 이야기하고자 할 것이다. 하지만 동굴 안의 그의 친구들은 냉정하게 그의 말을 무시한 채, 오히려 그를 죽이려 까지 할 것이다. 다음은 이것과 연관된 소크라테스의 목소리이다.

> 그래서 내가 말했네. "그러면 이 점 또한 생각해 보게. 만약에 이런 사람이 다시 동굴로 내려가서 이전의 같은 자리에 앉는다면, 그가 갑작스레 햇빛에서 벗어 나왔으므로, 그의 눈은 어둠으로 가득 차 있게 되지 않겠는가?"
> "물론 그럴 것입니다." 그가 대답했네.
> "그렇지만, 만약에 그가 줄곧 그곳에서 죄수상태로 있던 그들과 그 그림자들을 다시 판별해 봄에 있어서 경합을 벌이도록 요구받는다면, 그것도 눈이 제 기능을 회복도 하기 전의 시력이 약한 때에 그런 요구를 받는다면, 어둠에 익숙해지는 이 시간이 아주 짧지는 않을 것이기에, 그는 비웃음을 자초하지 않겠는가? 또한 그에 대해서, 그가 위로 올라가더니 눈을 버려 가지고 왔다고 하면서, 올라가려고 애쓸 가치조차 없다고 하는 말을 듣게 되지 않겠는가? 그래서 자기들을 풀어주고서는 위로 인도해 가려고 꾀하는 자를, 자신들의 손으로 어떻게든 붙잡아서 죽일 수만 있다면, 그를 죽여 버리려 하지 않겠는가?"(516~517)

플라톤의 동굴의 비유는 우리로 하여금 많은 것을 생각하게 한다. 우선적으로 우리가 확인할 수 있는 것은, 우리들의 삶의 터전은 동굴과 같은 어두운 세계라는 것이다. 단지 우리가 그 사실을 모르고 있을 뿐인 것이다. 그다음으로 생각해 볼 수 있는 것은 철학자는 인류 전체를 구원하는 문제에 집중해야 한다는 생각이다. 동굴 밖으로 나간 죄수가 위험을 무릅쓰고 다시 동굴 안으로 돌아오듯이, 진리를 깨친 철학자는 자신이 깨친 진리를 모든 사람들과 공유해야 한다. 만약 그렇게 하지 못한다면, 그는 진정한 철학자라고는 할 수 없을 것이다. 이처럼 플라톤의 동굴의 비유는 개인구원과 인류구원 그리고 이론과 실천의 통일을 주장하는 진정한 철학의 패러다임을 보여주고 있다.

■ 글쓰기와 토론을 위한 읽기 자료

다음은 동굴의 비유와 연관된 두 편의 글이다. (가)는 동굴의 비유와 연관하여 『국가』에서 소크라테스가 하는 말이며, (나)는 영화 <트루먼 쇼(The Truman Show, 1998)>에 대한 글이다. 이 글들은 두 가지 측면에서 접근 가능하다. 만약 트루먼을 옹호하는 입장에서 이 두 편의 글을 본다면, 주인공 트루먼은 동굴을 빠져나가 참된 세상을 보고자 하는 '죄수'를 상징하고, 그의 탈출을 막는 크리스토퍼는 '계몽된 죄수'를 비웃고 죽이는 악한일 것이다. 다른 한편, 크리스토퍼를 옹호하는 입장에서 글들을 이해한다면, 트루먼은 세상 물정 모르는 철부지이고, 크리스토퍼는 그의 든든한 버팀목일 것이다. 이러한 측면들을 참고하면서, 두 사람 중 한 사람의 입장을 골라 그 행동의 의미를 분석하라. 아울러 다른 입장에 대한 비판적 논의도 개진하라.

(가)

그러면 이 점 또한 생각해 보게. 만약에 이런 사람이 다시 동굴로 내려가서 이전의 같은 자리에 앉는다면, 그가 갑작스레 햇빛에서 벗어 나왔으므로, 그의 눈은 어둠으로 가득 차 있게 되지 않겠는가?
물론 그럴 것입니다. 그가 대답했네.
그렇지만, 만약에 그가 줄곧 그곳에서 죄수상태로 있던 그들과 그 그림자들을 다시 판별해 봄에 있어서 경합을 벌이도록 요구받는다면, 그것도 눈이 제 기능을 회복도 하기 전의 시력이 약한 때에 그런 요구를 받는다면, 어둠에 익숙해지는 이 시간이 아주 짧지는 않을 것이기에, 그는 비웃음을 자초하지 않겠는가? 또한 그에 대해서, 그가 위로 올라가더니 눈을 버려 가지고 왔다고 하면서, 올라가려고 애쓸 가치조차 없다고 하는 말을 듣게 되지 않겠는가? 그래서 자기들을 풀어주고서는 위로 인도해 가려고 꾀하는 자를, 자신들의 손으로 어떻게든 붙잡아서 죽일 수만 있다면, 그를 죽여 버리려 하지 않겠는가?
(516e-17a: 박종현 역)

(나)

영화 <트루먼 쇼>는 이지적인 감독으로 유명한 피터 위어의 1998년도 작품이다. 교육의 혁명을 염원하였으나 끝내는 좌절하고 마는 한 교사의 삶을 감동적으로 그린 <죽은 시인의 사회>도 그의 작품이다. 현실 비판적인 성격이 강하였던 작품으로 기억된다.

<트루먼 쇼> 역시 피터 위어의 현실 비판적인 생각이 잘 반영된 작품이다. 여기에서 그는 방송에 의해서 왜곡된 삶을 살아가고 있는 한 인간의 자유를 향한 투쟁과정을 그리고 있다. 거짓된 자아를 버리고 참된 자아를 찾아가는 자기 정체성 탐색의 영화이기도 하다. 짐 캐리의 진지함이 돋보이는 휴먼 드라마이다.

<트루먼 쇼>의 주인공은 트루먼 버뱅크(Truman Burbank, 짐 캐리)라는 한 평범한 회사원이다. 나이는 30세이고, 직업은 보험회사원이다. 아내는 캠퍼스 커플인 메릴(Meryl Burbank)이나, 부부 사이의 금슬은 그리 좋은 것은 아니다. 물에 대한 강한 공포심이 있는데, 이것은 자신의 아버지(Kirk Burbank)가 물에 빠져 죽는 것을 보고 난 뒤에 형성되었다. 대학교 때 도서관에서 만난 실비아(Sylbia)를 짝사랑했지만, 그 사랑을 이룰 수는 없었다. 피지 섬에 있는 실비아를 만나는 것이 그의 희망사항이다.

트루먼은 태어나자마자 방송국에 입양되었다. 그는 특수 제작된 대형 세트장, 즉 시헤븐(SeaHeaven)이라고 불리는 인공 섬에서 30년 가까이 살아오고 있다. 한 번도 이 시헤븐 섬을 빠져나가지 못했다. 따라서 그가 경험한 세계는 이 세트장 안에서의 경험이 전부이다. 그의 일상생활은 처음부터 끝까지 생중계되었으며, 그 방송을 위해서 하루 24시간 무려 5천 대의 몰래 카메라가 그를 지켜보고 있었다. 모든 사람들이 이 모든 사실을 알고 있는데도, 트루먼만은 그 사실을 모른 채 살아오고 있다. 슬픈 일이다.

항상 평범한 생활을 하고 있던 그에게 사건이 발생하였다. 10,909일째 되던 어느 날, 하늘에서 갑자기 조명등 하나가 떨어졌던 것이다. 물론 라디오 방송에서는 비행기 사고라는 짤막한 멘트가 나왔으나, 사태는 점점 꼬여만 간다. 아내 메릴은 누구를 보고 이야기를 하는지 방송용 광고 멘트만 늘어놓고 있고, 익사한 줄로만 알았던 아버지는 트루먼을 놀라게 한다.

하늘에서 내리는 비는 분사장치가 고장 났는지 트루먼이 앉아 있는 곳에만 물을 뿌리고, 라디오 주파수는 트루먼의 일거수일투족을 감시하는 방송을 내보내고 있다. 트루먼을 둘러싼 모든 환경이 조작되어 있었던 것이다.

자신의 주위에서 모종의 음모가 진행되고 있다는 것을 안 트루먼이 자신의 현실을 탐구해가면 갈수록 그에게 다가오는 것은 그 어느 것도 참된 것이 없다는 슬픈 현재 그 자체였다. 자신은 텔레비전 드라마의 주인공이며, 자신의 친구들과 마을 사람들은 모두 프로의 연기자이며, 심지어 자신을 낳아주고 길러준 부모님과 현재의 아내까지도 모두 가짜라는 것을 알게 된 것이다.

이제 트루먼은 그 누구도 믿을 수 없다는 것을 깨닫는다. 그 결과 그는 절망에 빠진다. 하지만 그럼에도 그는 자신의 희망을 포기하지 않는다. 자신의 첫사랑이자 구원의 가능성인 실비아가 피지에 존재하고 있었기 때문이다. 그래서 그는 시헤븐을 떠나 피지로 가고자 한다.

그런데 시헤븐을 떠나고자 하는 트루먼의 결정에 누구보다도 가슴 아파하는 사람이 있었으니, 그는 바로 이 드라마의 총 책임자인 크리스토프이다. 이 세트장에 트루먼을 데려온 장본인이자 현재의 트루먼의 삶을 지배하고 있던 그는 트루먼에게 있어서는 신과 같은 존재이다. 이 섬의 기후를 마음대로 조정할 수 있을 뿐만 아니라, 원하기만 한다면 트루먼의 내면적 정서까지도 조정할 수 있기 때문이다. 트루먼 주변에 있는 수많은 환경들 역시 그가 모두 고안해 낸 것들이다. 마치 플라톤의 ≪티마이오스≫에 등장하는 데미우르고스(Demiourgos)가 세계를 만들어내듯이 말이다.

자유를 향한 탈출을 꿈꾸는 트루먼에게 가장 큰 장애물은 물에 대한 공포심을 극복하는 것이었다. 아버지가 죽고 난 이후에 형성된 이 공포심 때문에 트루먼은 몇 번이고 탈출을 망설였다. 그런데 이것은 크리스토프가 트루먼의 탈출을 원천적으로

봉쇄하기 위해서 의도적으로 만들어놓은 장치였다. 그러기에 트루먼이 크리스토프의 영향력으로부터 벗어나기 위해서는 무엇보다도 물에 대한 자신의 두려움을 극복해야만 했던 것이다.

하지만 크리스토프는 온갖 수단과 방법을 동원하여 트루먼의 탈출을 막고자 한다. 한편으로는 물에 대한 그의 공포심을, 또 다른 한편으로는 그에 대한 자신의 애정을 이용한다. 하지만 그 모든 방법은 실패한다. 오히려 트루먼은 "날 막을 생각이면 차라리 죽여라!"라고 외치면서 자유에 대한 자신의 열정을 굽히지 않는다. 세트장 밖의 불안한 삶보다는 세트장 안의 편안한 삶을 권유하는 크리스토프의 충고를 뿌리치고, 비상구 밖으로 향하는 트루먼에게서 우리는 인간에게 진정으로 중요한 것이 안락함이 아니라 자유임을 깨닫는다.

영화 <트루먼 쇼>가 우리에게 주는 메시지는 자유와 진리를 향한 인간의 열정이 무엇보다도 중요하다는 것이다. 트루먼이 자유를 찾아 세트장 밖으로 나가는 것은, 마치 동굴 안에 있는 죄수가 빛을 찾아 동굴 밖으로 나가는 것과 유사하다. 트루먼이 폭풍우를 만난다든지, 배가 뒤집힌다든지 하는 것은 모두 진리 인식을 방해하는 것들을 상징적으로 표현하고 있다. 이처럼 이 영화는 철저하게 플라톤의 동굴의 비유를 이용하고 있다. 트루먼이 타고 가던 배 이름도 의미심장하다. 사실 산타마리아라는 배는 콜럼버스가 신대륙을 발견하기 위해서 타고 가던 배의 이름이다. 그 많은 배 이름 가운데에서 굳이 이 이름이 선택된 것은 아마도 트루먼이 보여주는 용기를 상징적으로 표현하기 위해서일 것이다. 이처럼 <트루먼 쇼>는 그 단순한 구성에도 불구하고, 플라톤 철학의 정신을 잘 보여주고 있다. 특히 크리스토프와 나누는 트루먼의 다음 대화는 진리와 자유에 대한 트루먼의 열정이 플라톤의 철학과 맞닿아 있음을 보여주기에 충분하다.

크리스토프: 트루먼, 얘기하게, 다 들리니까.

트루먼: 누구죠?

크리스토프: 난 수백만 명에게 희망과 기쁨을 주는 프로를 만들지.

트루먼: 난 누구죠?

크리스토프: 자넨 스타야.

트루먼: 전부 가짜였군요.

크리스토프: 자넨 진짜야. 자널 만나게 돼 기쁘군. 내 얘기 들어! 이 세상에는 진실이 없지만 내가 만든 그곳은 다르지. 이 세상은 거짓말과 속임수뿐이지만 내가 만든 세상에선 두려워할 게 없어. 난 누구보다 자넬 잘 알아.

트루먼: 헛소리 집어치워요.

크리스토프: 두렵지? 그래서 떠날 수 없지. 괜찮네, 다 이해해. 난 자네 인생을 지켜봤어. 자네가 태어나는 것도 첫 걸음마를 떼는 것도 입학하는 것도 지켜봤지. 맨 처음 거짓말하는 것까지 … 자넨 떠나지 못해.

실비아: 도와주세요.

크리스토프: 자넨 여기 속해있어.

트루먼: 그렇지 않아.

크리스토프: 내 세상에 말해봐, 뭐든지. 말하라니까 지금 방송 중이야. 생방송 중이란 말이야.

트루먼: 미리 인사하죠. 굿 에프터눈, 굿 이브닝, 굿 나잇.

(1:33:00~1:37:00)

어떻게 생각하면 크리스토프의 말이 맞을지도 모른다. 일체개고라는 싯달타의 말을 빌리지 않더라도, 세속은 불의와 몰염치로 가득하다. 30년 가까이 안락한 삶을 살아왔던 트루먼이 과연 저 세트장 밖의 세상에서 생존할 수 있을지를 생각해 볼 때, 그 대답은 긍정보다는 부정에 가까울 수밖에 없다. 그래서 크리스토프는 화면 속에 비친 트루먼의 얼굴을 쓰다듬으면서 그를 설득했던 것이다.

하지만 트루먼은 양심의 목소리에 충실한 사람이다. 그에게 중요한 것은 현실의 진실이었다. 그 옛날 실비아를 처음 만났을 때에도, 그는 '지금' 만나야 한다는 실비아의 요구를 그대로 받아들인다. 또한 다음에 피지섬에 가자는 아내 메릴의 충고에도 불구하고, 그는 '오늘' 피지섬으로 떠나고자 한다. 이처럼 트루먼은 다이몬의 목소리에 순종하였던 소크라테스처럼 양심의 목소리에 충실하였던 것이다.

그 무엇보다도 중요한 것은 인간은 어둠이 아닌 빛을, 동굴 안이 아닌 밖을, 부와 권력이 아닌 정신과 지성을 지향해야 한다는 사실이다. 크리스토프의 제안을 물리친 채, 세트장 밖으로 나가는 트루먼의 모습에서 우리는 그것을 읽을 수 있다. 비록 물질적 풍요로움과 안락함을 의식적으로 거부할 필요는 없지만, 그것이 인간의 자유와 충돌할 때에는 우리는 트루먼을 따라 보다 참된 것, 즉 자유와 진리를 추구해야만 하는 것이다. 왜냐하면 그것이 인간이 인간다워질 수 있는 길이기 때문이다.

4. 타락한 국가의 유형들과 그것을 닮은 인간 영혼들

플라톤에 의하면, 아주 먼 옛날에 이상 국가가 존재했다. 그런데 사람들의 무지와 욕심으로 인하여 점점 그 국가가 타락해갔다. 그는 역사 속에서 타락해가는 국가들의 유형을 크게 네 가지로 이야기한다. '명예지상정체', '과두정체', '민주정체', 그리고 '참주정체'가 그것이다. 아울러 그는 이 타락한 국가들을 닮은 인간 영혼들의 유형을 보여주고 있다. 논의상 '최선자의 정체'와 그것을 닮은 인간들의 영혼부터 살펴보기로 한다.

1) 최선자정체

플라톤에 의하면, 인간의 역사는 발전하는 것이 아니라 퇴보한다. 이것은 오늘날의 우리 시각하고는 많은 차이가 나는 것이다. 이러한 그의 생각을 이상 국가와 연관해서 보면, 우리는 흥미로운 사실 하나를 발견할 수 있다. 그것은 다름 아니라, 대부분의 현대인들이 이상 국가를 인간 역사의 마지막 지점에 설정하고 있는 데 반해서, 플라톤은 그것을 시작 지점에 위치시키고 있다는 것이다. 이것은 의미심장한 발언이기도 하다. 왜냐하면 이상 국가가 과거에 존재했다면, 인류는 다시 그때로 돌아갈 수 있을 것이기 때문이다.

최선자정체는 한 사람이 지배하는 것이 아니라 여러 사람이 지배하는 것이다. 플라톤에 의하면, 왕도정체는 통치자들 가운데에서 특출한 한 사람이 생기게 될 경우에 형성되는 것이고, 최선자정체는 통치자들 가운데에서 특출한 사람이 여러 명 생기게 될 경우에 형성되는 것으로 이해된다. 하지만 그 어느 경우에도 통치자는 수호자들 중에서 가장 훌륭한 사람임이 분명하다.

> "사실인즉 최선자정체를 닮은 사람에 대해서는 우리가 이미
> 언급하였는데, 그를 우리가 훌륭하고 올바른 사람이라 말하는

것은 옳으이.”(544, 박종현 역)

그런데 플라톤의 이러한 생각은 스파르타와 유사한 면이 있다. 하지만 동일하지는 않다. 역사 기록에 의하면, 플라톤 생존 당시 스파르타에는 왕이 두 명 있었다고 한다. 그 왕들은 명문 귀족 가문에서 선발되었으며, 한 가문이 독점하는 것은 금지되어 있었다. 상호 권력을 견제하기 위해서였다고 전해진다. 하지만 전쟁이 나면 그 기간 동안에는 두 왕들 중의 한 왕이 명령권을 갖고 군을 이끌었다. 또한 왕들은 원로원의 멤버가 되기도 하였는데, 이 원로원의 구성원들은 왕들을 포함해서 약 30명으로 구성되었다. 이렇게 볼 때, 플라톤이 언급하는 최선자정체가 반드시 현실에는 존재하지 않는 그야말로 공허한 것만은 아닌 것 같다.

2) 최선자정체의 타락한 형태들: 명예지배정체, 과두정체, 민주정체, 참주정체

최선자정체로부터의 첫 번째 쇠퇴의 단계는 명예지상정체이다. 티모크라티아(timokratia)라고도 불린다. 이 나라에서는 사람들이 승리와 명예에 대한 욕망 때문에 서로들 싸운다. 인간 영혼의 기개적인 부분이 이성적인 부분을 완전히 장악하고 있기 때문이다. 명예욕과 권력욕이 그들을 움직이게 하는 가장 큰 원동력이다. 과두정체를 닮은 인간들이 그러하듯, 돈에 대한 집착도 대단하다.

그런데 소크라테스는 재미있게도 명예지상정체의 탄생을 수호자들의 잘못된 동침(同寢)에서 찾고 있다. 그에 의하면, 우주에 존재하는 모든 것들은 기하학적인 질서에 의해서 이루어지는데, 수호자들의 탄생 역시 그러하다. 즉 부모들이 적기에 동침한 수호자들의 자녀들은 훌륭한 성향과 행운을 타고나, 그렇지 않은 경우에는 훌륭한 성향도 행운도 가지지 못한 채 태어나는 것이다. 오늘날의 시각에서 볼 때는 상식적으로 수용하기 힘든 주장이지만, 피타고라스 철학의 세례를 받은 플라톤으로서는 기하학적 수가 지닌 신비적 힘을 거부하기 힘들었을 것이다. 플라톤은 국가를 수호하고 다스리는 수호자들이 엄격한 관리 아래 탄생되고 양육되어야 한다는 생각을 시종일관 견지하였던 것이다.

그런데 이러한 명예지상체제하에서 태어난 아이들은 황금과 은, 청동, 그리고 철의 성향을 모두 가지고 태어난다. 이때 황금과 은의 성향은 수호자들로 하여금 사람의 훌륭함과 그 이전의 이상 국가로의 회귀를 강제하나, 청동과 철의 성향은 수호자들로 하여금 과두정체로의 타락을 촉진시킨다. 당연히 갈등이 발생하고 내분이 일어난다. 그러다가 적당한 선에서 타협을 보게 되는데, 그 내용은 이상 국가에서 금지되었던 토지와 주택의 사적 소유화를 허용하고 그들과 협력관계에 있었던 시민들을 오히려 노예로 만들어 버리는 것이다. 그리고 그들은 노예들을 상대로 전쟁을 일삼는다. 비록 과거의 최선자정체를 흉내 내는 이벤트들을 벌이기는 하나, 그들은 공통적으로 지혜로운 사람이 등장하는 것 자체를 두려워하고 평화보다는 전쟁을 좋아한다. 게다가 재물에 대한 탐욕까지 강하기에 그들이 속한 명예지상체제는 필연적으로 과두체제로 쇠퇴할 수밖에 없다. 다음은 국가의 쇠퇴와 연관된 언급이다.

> "이렇게 구성된 나라는 변혁되기가 어려우니라. 그러나 생성된 모든 것에는 쇠퇴가 있기에. 이와 같은 구성도 영원토록 지속되지는 못하고, 해체되리라. 그 해체는 이런 것이니라. 땅속에 뿌리를 내린 식물들만이 아니라, 땅 위의 동물들에게 있어서도 혼과 육신의 풍요로운 생산과 불임 불모의 시기가 있으니, 이는 각각의 것들에 있어서의 순환들이 그 주기를 채우게 될 때마다 있느니라. 그 주기는 수명이 짧은 것들에는 짧되, 그 반대의 것들에는 반대이니라. 연이나 그대들이 나라의 지도자들로 교육한 사람들이 비록 현명하기는 하나, 그대들 인류의 좋은 출산과 불임의 시기를 감각과 함께 계산에 의해서 적중하는 데는 조금도 더 나을 게 없어서, 그들 또한 이를 놓치게 되어, 언젠가는 아이들을, 낳지 않아야 할 때에, 낳게 되리라. 신적인 창조물을 위해서는 완전수가 포함되는 주기가 있느니라 (…) 한데, 이 기하학적인 수 전체가 더 나은 출생과 더 못한 출생을 좌우하는 것이니, 그대들의 수호자들이 이런 출생들을 알지 못하고서 적기가 아닌 때에 신부들을 신랑들과 동수하게 할 때는 훌륭한 성향도 행운도 타고나지 못한 아이들이 태어나리라."(546, 박종현 역)

명예지상체제 다음으로 타락한 국가의 형태는 과두정체이며 올리가키아(oligarchia)라고 불린다. 그런데 이정체는 부와 평가재산을 근거로 하여 통치자들을 갖는정체이다. 즉 돈이 많은 사람들이 국가의 중심이 되는 것이다. 승리와 명예를 갈구하던 명예지상체제의 사람들은 간 곳 없고, 오직 돈과 돈벌이에 혈안이 된 사람들만이 우글거린다.

현대에도 그렇지만 플라톤 시대 역시 자본의 힘은 막강하였다. 그 역시 국가 안에서 가진 자와 가지지 못한 자들이 끝없이 대립하는정체를 경계하였다. 그런데 국가의 모든 법이 자산액을 기준으로 정해지고 공직자들 역시 돈 있는 사람들이 모두 차지한다면, 그들과 돈 없는 사람들과의 갈등과 내분은 불을 보듯 뻔할 것이다. 요즘 말로 하자면 성장만을 강조해 분배문제를 전혀 고려하지 않는 것과 같은 이치이다. 어쨌든, 돈 있는 자와 돈 없는 자들 간의 끊임없는 갈등 구조가 과두정체의 본질이다.

하지만 좋은 것도 하나 있다. 서로 돈만 밝히다 보니, 돈이 많이 드는 전쟁은 하지 않을 수도 있다. 전쟁을 하자면 대중들을 이용해야 하고, 또한 그들을 무장시켜야 하는데 사이가 좋지 않은 그들을 무장시켰다가 자신들이 더 먼저 당할 것이라는 두려움 때문에, 그들은 어떠한 전쟁도 하지 않을 것이기 때문이다. 그렇지만 가지지 못한 자를 구조적으로 배려하지 못하고 훌륭한 인재들을 적재적소에 기용하지 못한다는 근본적인 한계 때문에, 과두정체는정체로서의 기능을 제대로 수행하지는 못한다.

이 체제를 닮은 인간 영혼 역시 그리 긍정적이지 않다. 왜냐하면 과두정체적인 인간들은 그들의 영혼에서 이성적인 부분들도 기개적인 부분들도 중요하다고 생각하지 않기 때문이다. 오히려 그들은 영혼의 그 두 부분들을 욕구적인 부분에 종속시켜 그것의 노예로 만들어버린다. 이러한 과두정체적 인간들을 변화시키기 위해서는 좋은정체 아래에서 좋은 교육이 필요한데 그들에게 그것은 요원하기만 하다.

과두정체 다음으로 타락한 국가의 형태는 민주정체이며 데모크라티아(demokratia)라고 불린다. 현대의 민주주의라는 개념은 바로 이 개념에서 유래하였다. 그런데 플라톤은 이정체를 아주 문제가 많은 시스템으로 인식하고 있다. 무엇보다도 과두정체에서는 제한적으로 이루어졌던 부와 재산을 위한 투쟁이 이 단계에 와서는 각양각색의 양상을 띠기 때문이다. 멋대로 할 수 있는 무제한의 자유가 보장되다 보니, 너도나도 자신의 욕구를 충족시키고자 하는 것이다. 즉 국가의 구성원들 모두가 자기 욕심만 챙기는 그러한 국가이다.

플라톤에 의하면, 이러한 민주정체는 무력에 의해서 수립하게 된다. 그 이전 단계인 과두정체에서는 소수의 사람들만이 정권을 지닌 채 돈벌이에만 혈안이 되어 있었는데, 민주정체에서는 다수의 가지지 못한 자들이 봉기하여 소수의 가진 자들을 죽이거나 추방한다. 그리하여 권력을 차지한 다수의 사람들은 평등을 외치면서 시민들에게 참정권을 나누어주고, 또한 관직도 추첨을 통하여 할당해준다. 그동안 과두정체에 억눌렸던 대부분의 사람들이 이를 환영한다.

하지만 문제는 여기에서부터 발생한다. 왜냐하면 민주정체 자체는 법도, 규범도, 도덕도, 통치자도, 규칙도, 질서도 없기 때문이다. 있는 것이라곤 무정부상태에 준하는 혼란과 말도 되지 않는 평등만이 있을 뿐이다. 플라톤은 그렇게 보고 있다. 다음은 민주정체의 본질에 대한 소크라테스의 진단이다.

> "그러니까, 첫째로, 이들은 자유로우며, 이 나라는 자유와 언론 자유로 가득 차 있어서, 이 나라에는 자기가 하고자 하는 바를 '멋대로 할 수 있는 자유'가 있지 않겠는가?"
> "어쨌든 그렇게들 말하고 있죠." 그가 말했네.
> "한데, 적어도 멋대로 할 수 있는 자유가 있는 나라에서는 각자가 어떤 형태로든 제 마음에 드는 자신의 삶의 개인적인 대책을 마련할 게 명백하이."
> "그건 명백합니다."
> "이렇게 되면, 이정체에서는 무엇보다도 온갖 부류의 인간들이 생겨날 것이라고 나는 생각하네."(557, 박종현 역)

나라가 이 모양이다 보니, 그 안에 사는 사람들 역시 오만방자하고 무질서하며 낭비가 심하고 부끄러움을 모르는 사람들로 가득 찬다. 훌륭한 공부를 하거나 진실 된 말을 하고자 하는 마음은 눈곱만큼도 없으며, 오직 무차별적인 욕구에 몸을 맡긴 채, 불필요하고 무용한 쾌락에 탐닉한다. 소크라테스는 민주정체적 인간들이 겪는 상황을 다음과 같이 언급한다.

"그러니까 그는 또한 날마다 마주치게 되는 욕구에 영합하면서 살아가는데, 어떤 때는 술에 취하여 아울로스의 소리를 듣는가 하면, 다시 물만 마시며 살을 빼다간, 어떤 땐 다시 신체 단련을 하네. 그런가 하면 게으름을 피우며 만사에 무관심해지는 때가 있기도 하고, 때로는 철학에 몰두하기도 하네. 또한 자주 정사에 관여하기도 하는데, 벌떡 일어나서는 생각나는 대로 말하고 행하기도 하네. 그리고 전쟁에 숙달한 사람들이 부러우면 그쪽으로 이동하고, 돈 버는 사람들이 부러우면 이번에는 이쪽으로 이동하네. 그의 삶에는 아무런 질서도 필연성도 없으나, 그는 이 삶을 즐겁고 자유로우며 축복받은 것이라 부르며 평생토록 이 삶을 살아가네." 내가 말했네. (561, 박종현 역)

민주정체 다음으로 타락한 국가의 형태는 참주정체이다. 튀라니스(tyrannis)로 불린다. 이상 국가가 타락한 마지막 형태이기도 하다. 돈에 대한 무차별적인 욕망과 돈벌이에의 집착, 그리고 그로 인한 다른 것들에 대한 무관심은 과두정체를 붕괴시키고 민주정체를 탄생시키며, 제멋대로의 자유에 대한 무한욕망과 다른 것들에 대한 무관심은 민주정체를 파괴시키고 참주정체를 탄생시킨다. 오직 참주 한 사람만이 모든 권력을 쥔 채, 자신의 욕망만을 충족시키고자 하는정체, 즉 가능한 정체 중에서 가장 사악한정체가 바로 참주정체이다.

플라톤에 따르면, 참주는 상상 가능한 통치자들 중에서 가장 위험한 인물이다. 거의 미치광이 독재자라고 할 수 있다. 우리는 20세기에도 이러한 미치광이 독재자들을 많이 목격하였다. 구(舊)소련의 스탈린이나 독일의 히틀러, 이탈리아의 무솔리니, 그리고 캄보디아의 폴 포트 등 많은 현대판 참주들이 있다. 그런데 예나 지금이나 이러한 폭군들은 공통적으로 민중을 착취하고 자유를 억압하며 나라 살림을 거덜 낸다. 필요에 따라서는 자신을 제외한 모든 사람들을 자기의 노예로 만들기도 한다.

그런데 플라톤은 역설적이게도 이런 참주들을 통하여 자신의 정치적 이상주의를 실현시켜보고자 한다. 즉 시칠리아 시라쿠사에서 디온의 도움을 받아 디오니시오스 1세[24]와 디오니시오스 2세[25]를 참된 통치자로 만들어보고자 시도했던 것이다. 비록 그의 프로젝트는 실패했지만, 정체적 타락의 밑바닥을 치고 그 출발점으로 거슬러 올라가고자 시도하였던 것은 높이 평가받아야 할 사항이다. 왜냐하면 참주정체가 정체 중 가장 타락한 형태라면, 우리에게는 그곳에서부터 다시 올라가는 길밖에는 없기 때문이다. 이처럼 플라톤의 현실 인식은 지극히 비극적이었다.

이제부터는 참주정체를 닮은 인간들이 어떻게 탄생하는지를 살펴보자. 플라톤에 의하면, 참주정체적 인간들은 인간 영혼의 이성적인 부분들이 전혀 힘을 발휘하지 못한 상태에서, 욕구적인 부분이 영혼 전체를 지배할 때 등장하는 인간 유형이다. 짐승같이 먹고 마시며 교접하고, 그 어떤 살인도 저지르길 서슴지 않으며, 완전한 무정부적 상태와 무법한 상태에서 사는 사람들이다.

---

24) 고대 시칠리아 시라쿠사의 참주입니다. 학문을 좋아하여 플라톤을 시라쿠사로 초대하였다

25) 시라쿠사의 참주로 디오니시오스 1세의 아들이다. 디온의 추천으로 플라톤으로부터 철학교육을 받았으나 성공적이지는 못하였다. 삼촌 디온과는 사이가 좋지 않았다고 전해진다.

심지어 자신을 낳아 준 부모에게도 배은망덕하게 재산을 빼앗고 폭력까지 행사하기도 한다. 다음은 그런 참주적 인간에 대한 소크라테스의 언급이다.

> "따라서 다른 욕구들이 향연과 향유, 화관과 포도주로, 그리고 그런 어울림들에서 맛보게 되는 제약 없는 즐거움들로 충만되어, 수벌 주변에서 윙윙거리며 맴돌면서, 수벌을 한껏 키우고 양육해서, 그것에 갈망의 침이 생기게 하면, 바로 이때 혼의 이 선도자는 광기의 경호를 받으며 미쳐 날뛰네. 그래서 이 사람 안에서 유익하고 아직도 부끄러움을 느끼는 의견들이나 욕구들을 이것이 발견하게라도 되면, 이것들을 죽여 버리거나 그에게서 내쫓아 버리어, 마침내는 그한테서 절제를 숙청하고서, 밖에서 들여온 광기로 채우게 될 걸세."(573, 박종현 역)

이처럼 플라톤은 최선자정체로부터 참주정체로의 일련의 쇠퇴과정과 그에 상응하는 인간들의 모습을 보여줌으로써, 인간 영혼의 이성적인 부분이 욕구적인 부분보다 더욱더 중요하다는 것과 가장 올바른 사람이 가장 행복할 수 있다는 소박한 진리를 이야기해주고 있다. 국가와 영혼에 대한 그의 이야기는 돈과 권력에 찌든 우리 현대인들에게 우리 자신을 돌아보게 해주는 하나의 신선한 충격파임이 틀림없다.

■ 글쓰기와 토론을 위한 읽기 자료

다음은 '명예로운 삶'과 연관된 2편의 글이다. (가)는 플라톤의 『고르기아스』에 나타난 칼리클레스의 명예관으로, 철학적인 진리보다는 경쟁 사회에서 살아남는 기술을 터득한 자가 명예로운 사람이라는 생각이 전제되어 있다. (나)는 정의와 덕을 추구하는 플라톤의 명예관을 천착하는 글26)의 일부분으로, 영혼의 비이성적인 부분은 돈과 권력을 추구하나, 영혼의 이성적인 부분은 정의의 덕을 추구한다는 생각이 잘 드러나 있다. 아랫글을 읽고 칼리클레스의 현실적인 명예에 대한 생각과 플라톤의 이상적인 명예에 대한 생각 중 하나를 골라, 명예로운 삶에 대한 자신의 생각을 구성하라. 단, 다른 입장에 대한 비판적 논의도 개진하라.

(가)

실제로 누군가가 당신이나 당신 같은 부류의 사람을 아무나 붙잡아 불의를 전혀 저지르지 않았는데도 불의를 저질렀다고 주장하면서 감옥으로 끌고 간다면, 알고 계실 테지만, 당신은 자신이 어떻게 해야 할지 모를 겁니다. 당신은 현기증을 일으키며 무슨 말을 해야 할지 몰라 입을 쩍 벌리고 있겠지요. 그리고 재판정에 나가서 아주 열등하고 사악한 고발자를 만나 그가 당신에게 사형을 선고하기 원한다면 당신은 죽게 될 겁니다. 그런데도 어떻게 이것이 지혜로운 것입니까, 소크라테

---

26) 이에 대한 원문은 본인의 논문 『플라톤의 명예의 윤리학』을 참고하라. 가독성을 위해 일부를 수정하여 싣는다.

스? 그것이 좋은 자질을 타고난 사람을 붙잡아 더 못한 자로 만들어서 스스로 자신을 도울 수도 없고 크나큰 위험으로부터 자신은 물론이고 다른 누구도 구해낼 수 없으며, 적들에게 재산을 모두 빼앗기고 자신의 나라에서 그야말로 치욕적인 삶을 살게 하는 기술이라면 말입니다. 그런 자라면, 좀 거칠게 표현해서, 아무나 그의 턱을 갈겨도 대가를 치르지 않을 수가 있습니다. 훌륭한 분이여, 차라리 제 말을 따르십시오. 논박은 그만두시고 세상 물정을 잘 읽는 기예를 익히십시오. 그것도 당신이 슬기롭다는 평판을 얻을 수 있는 방면에서 익히십시오. 이미 묘한 것들은, 그것들을 허튼소리라고 해야 하든 실없는 소리라고 해야 하든 간에, 다른 사람들에게 보내 버리시고요. 그것들로 인해 당신은 빈집에서 살게 될 겁니다. 이 사소한 것들을 논박하는 사람들을 두려워하지 말고, 생계와 평판과 다른 여러 가지 좋은 것들을 가진 사람들을 부러워하십시오. (486a-d, 김인곤 역)

(나)

그리스 사회에서 명예는 폴리스 공동체의 안정성과 시민들의 자기 정체성을 보장해주던 핵심 가치였다.[27] 플라톤은 『국가』

---

27) 그리스 도시 국가는 명예를 중시하는 공동체이다. 물론 명예의 긍정적인 면만 있는 것은 아니다. 지나친 명예 추구는 자신의 품위를 손상시킨다. 그리고 타자와의 지나친 경쟁은 타자의 명예를 침범할 수도 있다. 자기의 명예와 타자의 명예, 그리고 자신의 자존감과 타자의 자존감을 동시에 만족시키는 지혜가 필요하다. 여기에서 품위를 갖춘 명예, 즉 아이도스가 중요해지는 것이다. 우선적으로 기품 있는 명예는 자기 존중 또는 자기정체성의 확보에 있다. 자신의 품위를 유지하면서 공동체 속에서 타자와의 관계성을 유지하는 것이다. 품위를 유지하고 공동체의 공통 가치를 수호하는 것, 그것이 자아의 명예를 가져온다. 그리스 사회에서 개인의 자아는 항상 공동체의 가치와의 연관성 속에서 이해될 수밖에 없다. 공통 가치를 실현하였을 때에는 명예를 얻고, 공통가치를 실현하지 못하였을 때에는 불명예를 안는 것이다. 그러기에 자아의 성취는 항상 사회적 관계성 속에서 이루어지며, 개인적 자아는 사회적 자아의 성

를 통하여 이러한 명예 개념의 이중성을 잘 제시하고 있다. 그는 영혼의 비이성적인 부분과 돈에 대한 욕망을 통하여 명예의 부정적인 측면을, 그리고 이성에 의해서 인도되고 정의를 지향하는 활동에 의해서 명예의 긍정적인 측면을 보여주고 있는 것이다.

『국가』제1권의 소크라테스와 트라시마코스와의 대화에서 명예 개념은 부정적인 것으로 나타난다. K. 라이코스(Kimon Lycos, 1987)의 분석에 기대자면, 소크라테스는 '기술(techne)'이나 '다스림(통치: arche)'이 자기에게 이득이 되는 것을 제공하는 것이 아니라, 피지배자에게 이득이 되는 그러한 것을 제공하는 것이라 한다. 이런 점에서 볼 때, 만약 누군가가 다스리는 일을 맡아 일을 볼 경우에는 그것에 대한 보수나 보상으로 '돈'28)이나 '명예' 그리고 '벌(罰)'이 언급될 수 있다(347a). 그런데 가장 훌륭한 사람들의 통치에 대한 보상으로 돈이나 명예는 적합하지 않다. 그러한 것들에 대한 사랑은 "창피스러운 것"(347b)이기 때문이다. 남는 것은 벌뿐이다. 그럼 왜 벌인가? 그것은 훌륭한 사람들이 통치하고자 하는 마음을 먹게 될 경우에는 오직 그들이 장차 받게 될지도 모를 "벌"(zemia, 347a)에 대한 두려움 때문에 그렇게 한다는 것이다. 즉 만약 훌륭한 사람인데도 스스로 통치하고자 하는 마음을 먹지 않는다면, 그는 어

취 속에서 마무리된다. 개인적 명예, 나아기 사회적 명예는 공동체의 인정과 승인의 문제이다. 그리고 이것은 타자 배제의 문제가 아니라 타자수용의 문제이기도 하다. 왜냐하면 명예의 상호인정에 의해서 공동체가 존립하기 때문이다. 이에 관해서는 다음 책 제6장을 참조하라. Carins, D.L., *Aidos: The Psychology and Ethics of Honour and Shame in Ancient Greek Literature*, Oxford, 1993.

28) 명예를 돈과 연결시키는 것은 『파이돈』 68b-c에서도 등장한다. "그러니까 죽게 되었다 해서 화를 내는 사람을 자네가 본다면, 이는 결국 그가 지혜를 사랑하는 사람(철학자: philosophos)이 아니라 몸을 사랑하는 사람(tis philosōmatos)이라는 데 대한 충분한 증거가 그대한테는 되어주지 않겠는가? 그리고 같은 이 사람이 아마도 재물을 좋아하는 사람(philochrēmatos)이기도 하고 명예를 좋아하는 사람(philotimos)이기도 하여, 둘 가운데서 어느 한쪽이거나 둘 다이거나 할 게야."

쩔 수 없이 "자기보다 못한 사람한테 통치를 당하는"(347c) 엄청난 벌을 경험할 것이기 때문이다. 이처럼 훌륭한 사람이 통치를 하게 되는 것은 오직 "벌을 두려워해서"(347c)이지, 결코 돈이나 명예 때문은 그렇게 하는 것은 아닌 것이다.

제5권에서도 명예에 대한 소크라테스의 부정적인 언급은 계속된다. 여기에서 그는 "명예를 좋아하는 사람"(475a) 또는 "명예를 욕구하는 사람들"(475b)은 역설적으로 명예롭지 못한 행동을 하기 마련이라고 언급한다. 그 이유는 세속적인 명예에 집착하는 사람들은 "장군(사령관) 노릇을 할 수 없게 되면, 하급 지휘관 노릇이라도"(475a) 하려 할 것이고, "존엄한 분들한테서 존경을 받지 못할 경우에는, 미천한 사람들한테서라도"(475b) 존경을 받으려 할 것이기 때문이다(475a-b). 이미 제4권에서 그는 영혼을 "욕구적인 부분"(to epithymetokon, 439d), "이성적인 부분"(to logistikon, 439d) 그리고 "격정적인 부분"(to thymoeides, 440e)으로 삼분하면서, 영혼의 격정적인 부분을 "전적으로 지배하는 것과 승리하는 것 그리고 '명성을 떨치는 것'"(581a)을 지향하는 그러한 것, 즉 "이기기를 좋아하고"(philonikon, 581b) "명예를 좋아하는"(philotimon, 581b) 그러한 영혼의 한 부분으로 규정한 바가 있다. 이렇게 볼 때, 영혼의 격정적인 부분의 지배를 받는 사람들은 신분이나 명성에 집착하는 사람들이고, 그러한 사람들은 결국 세속적인 명예만을 탐하는 그런 사람들인 것이다.

『일곱째 편지』에서도 플라톤은 과도하게 돈을 탐하는 것이 인간을 불명예스럽게 만드는 주된 원인이라고 언급한다. 플라톤은 디오뉘소스 2세가 자신을 "금품"(333d)으로 회유하려 하였다는 사실을 폭로하면서 이러한 말을 하고 있다.[29] 사실 그는 디오뉘시오스 1세 때부터 시라쿠사를 이상적인 국가로 만들고

---

29) "디오뉘소스가 '명예와 금품으로' 자기와 한편이 되도록, 그리고 자기를 위해 디온의 추방이 타당했음을 지지하는 증인이자 친구가 되어 줄 것을 설득해 왔을 때는, 이런 일에 대해선 그가 완전히 실패했습니다."(333d)

자 헌신하였다. 그의 이러한 노력에 정치적 동지였던 친구 디
온이 큰 힘을 보탰던 것도 사실이다. 하지만 부왕(父王)과 달
리, 유난히 권력욕이 강했던 디오뉘소스 2세는 부왕의 의형
제였던 디온(Dion)을 자신의 정치적 라이벌로 생각해 그의 정
치적 조언은 무조건 반대하였으며 급기야는 그를 추방하고 말
았다. 이 일이 있고 난 이후, 디오뉘소스 2세는 디온과 친구였
던 플라톤을 회유해 자기편으로 끌어들이고자 하였으나, 플라
톤은 이 제안을 단호하게 거절하였다. 그가 보기에, 왕의 제안
은 "수치스럽고 불경한 일"(334a)이었기 때문이다. 사정이 이
러하다 보니, 플라톤은 그가 책을 지었다는 것에 대해서도 회
의적인 반응을 보였다. 만에 하나 그것이 사실이라 할지라도,
그것은 그가 "명성을 좋아해"(344e) 그렇게 했거나 아니면 "명
예를 얻으려는 부끄러운 욕심"(344e)[30] 때문에 그렇게 했지,
결코 지혜를 좋아해 그렇게 한 것은 아니라고 생각하였던 것
이다. 이처럼 플라톤은 디오뉘소스 2세의 인물 됨됨이를 명예
를 탐하는 '몰염치한 인물'로 그리고 있다.

그럼 플라톤이 보기에 참다운 명예란 어떤 것인가? 『여덟째
편지』에서 그는 "영혼의 탁월함을 가장 존귀한 것으로" 강조
하는 "법"에 근거할 때에만 인간은 명예로운 삶을 살 수 있다
고 강조한다.

"시라쿠사인들이여, 여러분은 무엇보다도 우선 여러분의 욕망

---

30) "그는 배움의 능력과 관련해서 유달리 자질이 없지는 않거나 하진 않았지만
놀랄 만치 명예욕이 강했습니다. (...) 그런 이유로 그는 더 확실하게 귀담아듣
고자 하는 욕구로 치닫는가 하면, 동시에 명예욕이 그를 안달 나게 했습니다.
(...) 내가 보기에 철저히 명예를 탐하는 마음에서 디오뉘소스는 (...) 만약 그
[디오뉘소스 2세]가 썼다면, 이는 그것을 자신의 것인 체하거나, 그것에 대한
교육의 참여자인 체해서 명예를 얻으려는 부끄러운 욕심 때문입니다. 그리고
그 교육에 참여함으로써 생기는 명성을 좋아했던 것이라면, 그에게는 그 교육
에 참가할 자격이 없었을 것입니다."(338d~345a)

과 더불어 여러분의 마음을 돈벌이나 부 쪽으로 돌려놓지 않을
게 분명한 '법'들을 받아들이세요. 영혼과 육체, 그리고 돈, 이렇
게 셋이 있는데, 그 가운데 영혼의 탁월함을 '가장 존귀한 것'
(entimotatēn)으로 여기고, 육체의 탁월함을 영혼의 탁월함 밑
에 놓인 둘째 것으로, 그리고 돈의 가치를 육체와 영혼에 종노
릇하는 셋째이자 마지막 것으로 삼는 게 분명한 '법'들을 말입
니다."(355a-c)

이처럼 플라톤은 명예의 긍정적인 측면도 잘 알고 있었다. 그
것은 『국가』 제3권, 제5권, 제7권 그리고 제9권 등에서 언급된
다. 먼저, 제5권에서는 호메로스(『일리아스』 7. 321)의 전통에
입각해 "싸움에서 명성을 떨친 아이아스가 '통등심을 상으로
받는 것'"(468d)이란 말이 등장하는데, 이때 언급되는 '상'이라
는 말은 용맹한 젊은이에게 수여되는 하나의 "명예"(468d)였
다. 왜냐하면 그러한 상을 받음으로써 용맹한 젊은이는 자신의
소진된 체력을 보충하고, 또한 전사(戰士)로서의 자신의 "명예"
(468d)를 획득하였기 때문이다. 이처럼 호메로스 이래 그리스
사회에서 "명예로운 자리와 고기 그리고 그득한 술잔"(468d-e)
은 항상 명예를 획득한 사람들에게 주어지는 하나의 값진 선
물로 인식되었던 것이다.
『국가』 제3권에서도 명예는 긍정적으로 이해된다. 여기에서
플라톤은 수호자들 가운데에서 가장 우수한 사람을 통치자로
선발해야 하며, 이러한 논의에서 온갖 종류의 시험을 통과한
사람들은 당연히 "완벽한 수호자들"(phylakes panteleis, 414b)
또는 "나라의 통치자(ho archōn) 및 수호자(phylax)"(414a)로
임명되어야 한다고 한다. 그러면서 그러한 사람들에게는 "살아
서도 '영예(timas)'"(414a)가 주어져야 하지만, "죽어서도 무덤이
나 그 밖의 기념물에 있어서 최대의 '특전(gera)'"(413e~414a)이
주어져야만 된다고 강조한다. 이처럼 최고의 수호자들에게는 생
사(生死)를 불문하고 최고의 명예가 주어졌던 것이다.

하지만 플라톤은 여기에 하나의 단서를 단다. 그것은 바로 명예란 필연적으로 "이성"(logos, 549b)에 의해서 인도되어야 한다는 것이다. 제8권에서 소크라테스는 "명예지상체제"(timokratia, 545b)[31]의 부정적인 측면에 대해서 언급한다. 그에 의하면, 명예지상체제는 명예를 그 주된 가치로 하고 있으나, 그것은 참된 명예가 아니라 세속적인 명예욕에 근거하고 있다고 한다. 또한 이 체제는 가장 이상적인정체인 "최선자정체"(aristokratia, 544e)로부터 제일 먼저 타락한 형태이기도 하다. 그래서 이러한정체하에 사는 시민들은 모두 '승리'와 '명예'만을 추구하고, 영혼의 이성적인 부분보다는 "격정적인 부분(to thymoeides)"의 지배를 받는다. 또한 그들은 지혜로운 사람들이 공직에 앉는 것을 두려워하고 "평화보다는 전쟁"(547e)을 선호하며 평생을 전쟁터에서 보낸다(548a). 결과적으로 지혜로운 사람들이 밀려나고 오직 "전공(戰功)이나 전쟁과 관련되는 공적"(549a)이 있는 사람들만이 경쟁적으로 통치자가 되기를 열망하는 것이다. 그런데 이러한 나라가 과연 제대로 운영될 수 있을까?

이에 플라톤은 "최선의 수호자"(549b)가 될 사람은 모름지기 이성의 원리에 의해서 인도되는 사람이어야 한다고 강조한다. 즉 그 사람은 "시가와 혼화된 이성을 갖춘 자"(549b), 즉 "명예지상적인 청년"(timokratikos neānias, 549b)이어야 하는 것이다. 그런데 이성 원리를 갖춘 이상적인 통치자에 대한 언급은 '철인통치자'에 대한 언급이 등장하는 제7권에도 있다. 여기에서 플라톤은 힘든 공부와 훈련을 거쳐 엄격하게 "선발된 자들"(hoi prokrithentes, 537b)이 누리게 될 큰 "영예"(537b)에 대해서 말한다. 특히 "실재의 본성에 대한 '포괄적인 봄(synopsis)'"(537c)의 능력을 획득한 사람들에게는 그렇지 못한 사람들보다 더 큰 명예가 주어져야 된다고 언급하는데, 이는 그러한 공부가 철인통치자의 '변증법' 공부와 깊이 연관되어 있기 때문이다. 사실

---

31) 명예지상정체(timarchia)라고도 한다(545b).

변증법은 가장 중요한 철인통치자 공부방법이기도 하다. 그것은 엄격한 훈련을 거쳐 선발된 수호자들이 30살이 되어서야 겨우 배우게 되는 공부이기도 하다. 그것을 배우기 이전에는 약 10년간에 걸친 예비교육이 시행된다. 이것을 무사히 마친 사람들에게는 5년간의 변증법 공부가 주어지는데, 그것을 무사히 마친 사람들에게는 약 15년간에 걸친 실무행정 공부가 기다리고 있다. 그리고 이것을 마친 사람들에게는 변증법 자체에 대한 고차원적인 관상(觀想)의 공부가 주어진다. 그런데 이 과정은 선발된 자들이 평생에 걸쳐 공부해야 하는 것이기도 하다. 플라톤은 이를 "영예"(537d)로운 사람들이 사는 삶의 방식이라고 한다.[32]

그런데 제7권에서 플라톤은 명예를 '정의'와 연결시킨다. 말미에 등장하는 "참된 철학자들"(hoi alethos philosophoi, 540d)[33]은 '명예로운 사람들'의 다른 이름이기도 하다. 왜냐하면 참된 철학자들은 지혜를 사랑하는 사람들인데, 그러한 사람들은 오로지 나라의 "'바른 것(to orthon)'과 이것에서 생기는 '명예(timas)'"(540d-e)만을 존귀한 것으로 간주하기 때문이다. 즉 참된 철학자들만이 나라의 통치자가 되기에 충분한 자격을 갖추고 있는 것이다. 물론 현실 세계는 그렇지 않다. "저속하며 아무런 가치도 없는 것들"(540d)이 "현재의 명예"(540e)로 간주되고 있기 때문이다. 그러기에 진정으로 나라를 잘 경영하고자 하는 사람들은 모름

---

32) 소크라테스는 변증법을 공부할 능력이나 자격이 되지 않는 사람들이 그것을 공부하였을 때 발생하는 위험성에 대해서도 경고한다. 그 이유는 변증법적 논변을 처음으로 접한 사람들이 그것을 무차별적으로 "반박(반론: antilogia)에 이용함으로써, 놀이처럼 남용한"(539b) 결과, "사람들을 논변으로써 끌어당겨서는 찢어발기기를 즐기고"(539b), 때에 따라서는 "이전에 자신이 믿었던 것들 가운데 어떤 것도 믿지 않는"(539c) 사태를 야기하며, 급기야는 철학과 연관된 일체의 일에 종사하는 사람들 모두를 웃음거리 내지는 "비방의 대상들"(539c)로 만들어버릴 것이라고 진단하고 있기 때문이다. 변증법에 관해서는 C. Kahn의 다음 책을 참조하라. C. Kahn. *Plato and The Socratic Dialogues: The philosophical use of a literary form.* Cambridge: Cambridge Univ. Press, 1996.

33) 이것은 "참으로 지혜를 사랑하는 사람들"이라는 것으로도 옮길 수 있다.

지기 "올바른 것"(to dikaion, 540e)을 추구하고 그것을 가장 명예로운 것으로 간주해야 하는 것이다.

흥미롭게도 플라톤은 제9권에서 명예가 "각자가 목적한 바를 성취하게 될 경우에는, 이들 모두에게 따라오는"(582c)[34) '보편적인 것'이라고 언급한다. J. 아나스(J. Annas, 1981)에 의하면, 올바름과 행복의 관계를 고찰하는 9권에서, 소크라테스는 올바른 삶을 산 사람들이 그렇지 않은 사람들보다 더 행복하다는 것을 보여주는 일련의 논증[35)을 전개한다. 특히, 철학자가 추구하는 삶이 가장 즐거운 것임을 언급하는 두 번째 논증에서, 소크라테스는 삼분된 영혼 각각에 "특유한 즐거움이 하나씩 있다"(580d)고 말한다. 즐거움을 삼분된 영혼 각각에 연결 지으면서, 그는 사람들을 3부류 즉 "'지혜를 사랑하는 부류', '이기기를 좋아하는 부류' 그리고 '이(利)를 탐하는 부류'"(581c)로 나눈다. 그런데 여기에서 이익을 탐하는 부류는 영혼의 '욕구적인 부분'의 지배를 받는 사람들을 말하며, 이기기를 좋아하는 부류는 영혼의 '격정적인 부분'의 지배를 받는 사람들을 말하고, 지혜를 사랑하는 부류는 영혼의 '이성적인 부분'의 지배를 받는 사람들을 말한다. 그런데 재미있는 것은 소크라테스에 의하면 명예를 좋아하는 사람들은 "재물로 인한 즐거움은 천한 것으로 여기는가 하면, 배움으로 인한 즐거움도, 그게 어떤 배움이든 '명예'를 가져다주는 것이 아닌 한은, 한 가닥 연기요 어리석은 것"(581d)으로 간주한다는 것이다. 즉 '경쟁'과 '투쟁'을 선호하는 사람들은 '명예'를 산출할 수 있는 것들만을 유의미한 것으로 간주한다는 것이다. 그런데 과연 그러한가?

---

34) 물론 이러한 생각은 플라톤의 독창적인 생각만은 아니다. 그것은 호메로스와 헤시오도스로부터 이어져 내려온 전통적 사상과 맥이 맞닿아 있다. 다만 플라톤은 그러한 생각을 새로운 시대, 즉 철학의 시대에 자신의 이상 국가론을 바탕으로 새롭게 정초하고 있을 뿐이다.

35) 참주체제와 이를 닮은 사람들에 대한 논의는 576d~580c, '즐거움' 또는 '쾌락'에 대한 논의는 580c~583a, 그리고 '환영적인 즐거움'과 '참된 즐거움'에 대한 논의는 583b~588a에 있다.

이에 소크라테스는 일단 명예라는 것을 "각자가 목적한 바를 성취하게 될 경우에는, 이들 모두에게 따라오는"(582c)36) 일반적인 것으로 규정한다. 부자든, 용감한 사람이든, 아니면 지혜로운 사람이든지 간에, 그들은 모두 "명예를 누림으로 인한 즐거움이 어떤 것인지에 대해서는 모두가 경험을 갖고"(582c) 있으며 또한 알고 있는 것이다. 부자는 부자대로, 용감한 사람은 용감한 사람대로, 그리고 지혜로운 사람은 지혜로운 사람대로, 자신들이 목적하는 바를 성취하게 되면, 그들은 그 가운데에서 존경을 받고 명예로운 인물로 간주되는 것이다. 하지만 이러한 사람들이 경험하는 즐거움이 모두 동일한 것으로 말할 수 있는가?

소크라테스는 그것은 결코 동일하지 않다고 한다. 왜냐하면 다른 것들은 다 제쳐두고라도, "'실재(to on)'에 대한 '관상'"(582c)이 어떤 즐거움을 주는지에 대해서만큼은 지혜를 사랑하는 사람 이외에는 그 누구도 이해할 수 없는 고유한 것이기 때문이다(582c). 이익을 탐하는 사람들은 "사물들의 본성이 어떤 것"(582b)인지에 대해서 일체의 배움도 없고 일체의 경험도 없다. 하지만 지혜를 사랑하는 사람들은 사물들의 본성을 알 때의 즐거움은 물론, 돈으로 인한 즐거움에 있어서도 이익을 탐하는 사람들의 경험을 훨씬 능가하고 있다. 이는 명예를 좋아하는 사람들의 경우에 있어서도 마찬가지이다. 즉 지혜를 사랑하는 사람들은 "명예를 좋아하는 사람"(583a)이나 "돈벌이를 하는 자"(583a)의 삶보다도 "경험(empeiria)이나 사려분별(phronēsis) 또는 이성적인 추론(logos)"(582a) 등의 모든 분야에서 그들을 능가하고 있는 것이다.

이처럼 플라톤에게 있어서, 혼의 이성적인 부분은 "배움을 좋

---

36) 물론 이러한 생각은 플라톤의 독창적인 생각만은 아니다. 그것은 호메로스와 헤시오도스로부터 이어져 내려온 전통적 사상과 맥이 맞닿아 있다. 다만 플라톤은 그러한 생각을 새로운 시대, 즉 철학의 시대에 자신의 이상 국가론을 바탕으로 새롭게 정초하고 있는 것이다.

아하고(philomathes) 지혜를 사랑하는 부분(philosophon)"(581b)
이고, "신적인 것"(to theion, 589d)과 동일하다. 그리고 그것은
『국가』(500c)에 등장하는 플라톤의 다음 말, 즉 "철학자는 신
적이며 절도 있는 것과 함께 지냄으로써 그 자신이, 인간으로서
가능한 한도까지, 절도 있고 신과도 같은 사람이 되네"(500c)라
는 말과도 연결될 수 있다.

5. 어떻게 살고, 어떻게 죽을 것인가?

1) 사후세계는 있는가?

올바르게 산 사람들은 과연 올바르지 못하게 산 사람들보다 행
복할까? 만약 사람이 올바르게 산다면, 살아생전에서나 죽어서
어떠한 보상을 받을 수는 있을까? 그리고 만약 올바르게 산 사람
들이 이승에서도 저승에서도 어떠한 보상도 받지 못한다면, 우리
는 올바르게 살 필요가 있을까? 우리는 과연 어떻게 살아야 할까?

이러한 삶의 방식에 대한 문제는 플라톤 『국가』 전체를 관통
하는 가장 주된 문제이다. 이 물음에 대해서 그는 사람이 올바르
게 살기만 한다면 살아서나 죽어서나 그에 상응하는 보상을 충
분히 받는다고 주장한다. 사실, 우리 주변에는 올바르지 않게 영
악하게 사는 사람들이 더 많다. 그리고 겉으로 보기에는 그러한

사람들이 행복하게 사는 것 같다. 하지만 우주에는 인과응보(因果應報)가 있기 마련이다. 우리는 정권이 바뀔 때마다 그 이전 정권에서 권세를 누리던 사람들이 벌을 받아 감옥에 가는 것을 많이 보게 된다. 올바르지 않게 산 사람들이 이승에서 처벌을 받는 경우이다. 연장 선상에서 플라톤은 올바르게 산 사람들이 올바르지 않게 산 사람들보다 저승에서 더 많은 보상을 받는다고도 주장한다. 비록 현대인은 저승에 관한 이야기를 비과학적인 것으로 생각할 수도 있겠지만, 플라톤은 그렇지 않게 생각했던 것 같다. 오히려 사후세계 체험과 관련된 '에르 신화'를 자신의 논거로 이용하기도 한다.

에르 신화는『국가』의 마지막을 장식하는 장엄한 이야기이다. 에르는 팜필리아 부족의 혈통을 이어받은 아르메니오스의 아들이다. 아주 용감한 남자로 어느 전투에서 사망하였다고 한다. 그런데 사망 후 10일이 지나 시체들을 수습하게 되었을 때, 다른 시체들과 달리 그의 시체는 부패하지 않은 채 그대로 보존되어 있었다. 그래서 사람들은 그의 시체를 매장하지 않은 채 집으로 가져왔다. 12일째 되던 날, 사람들이 화장을 하기 위해 그의 시체를 장작더미 위에 올려놓았을 때, 기적이 일어났다. 그가 되살아난 것이다. 모두들 놀라고 있었는데, 되살아난 에르는 자기가 저승에서 본 것들을 사람들에게 상세하게 이야기해주었다. 이것이 에르 신화의 배경이야기이다.

에르의 영혼이 육체를 떠나 한 신비스러운 곳에 이르렀을 때, 그곳에는 하늘 쪽으로 난 두 개의 구멍과 땅 쪽으로 난 다른 두 개의 구멍이 있는 초원이 있었다. 그리고 거기에는 심판자들이 앉아서 인간 영혼들을 심판하고 있었다. 심판결과, 올바른 자들에게는 하늘 쪽 구멍으로 가게하고, 올바르지 못한 자들에게는 땅 쪽 구멍으로 가게 하였다. 그리고 남은 두 개의 구멍에서도 각각 비슷한 일이 벌어지고 있었는데, 먼저 하늘 쪽 구멍에서는 순수한 영혼들이 하강하고 있었으며, 땅 쪽 구멍에서는 오물과 먼지를 뒤집어쓴 영혼들이 올라오고 있었다. 하늘 쪽에서 온 영혼들은 자신들의 잘 지낸 일들과 아름다운 구경거리들을 이야기하였으며, 땅 쪽에서 온 영혼들은 자신들의 비참했던 일들을 이야기하고 있었다. 그런데 그 이야기의 공통된 점은 사람들은 죽어서 자기가 살아생전에 했던 경험에 따라 하늘에서 상을 받고 땅에서 벌을 받는다는 것이다.

하늘과 땅에서 온 영혼들은 초원에서 지내다 8일째가 되는 날 각자의 길로 떠난다. 이때, 그들은 아낭케 여신의 딸인 라케시스 앞에서 온갖 종류의 동물들 및 인간들의 삶이 있는 제비들 중 하나를 뽑아 다음 세상에서의 자신의 운명을 선택한다. 그 가운데에는 사악한 참주의 삶도 있을 것이고 훌륭한 통치자의 삶도 있을 것이다. 사람이 동물이 되는 그러한 삶도 있을 것이며, 그 반대로 동물이 사람이 되는 그러한 삶도 있을 것이다. 하지만 대개는 전생의 습관에 따라 자신의 운명을 선택하는 경향을 보인다.

각자의 운명을 선택한 영혼들은 이제 이승으로 가는 길을 따라간다. 그들 모두는 숨이 막히는 무서운 더위 속을 지나서 '망각의 평야'로 나아간다. 이곳에는 나무도 없고 땅에서 자라는 것이라곤 아무것도 없는 그러한 곳이다. 그다음에는 '망각의 강'을 건너간다. 그런데 이 강을 건널 때 모든 영혼들은 어느 정도 이 강물을 마셔야만 하지만, 필요 이상으로 그것을 마신 영혼은 전생의 모든 기억을 잊어버리고 만다. 물론 에르는 그 강물을 마시지는 않았다. 그리고 그날 밤, 천둥과 지진이 나고 다른 모든 영혼들이 각자의 출생지로 이동해 갈 때, 에르는 장작더미 위에 있는 자신의 시체로 되돌아왔다. 이것이 바로 소크라테스가 들려주는 에르 신화의 대강의 이야기이다.

그런데 에르 신화는 일종의 사후 세계 체험에 관한 기록이기도 하다. 요즘 말로는 임사체험(Near-death experiences),[37] 즉 죽음 너머의 세계에 대한 신비스러운 체험을 말한다. 그런데 이러한 임사체험에 대해서 크게 두 가지 견해가 대립하고 있다. 하나는 임사체험이 실제로 사후세계를 체험한 것이며 인간영혼의 존재를 입증한 것이라는 의견이다. 주로 종교적인 경험 사례들이 그 증거로 많이 채택된다. 또 다른 하나는 임사체험이란 것이 하

---

[37] 이 용어는 미국의 정신과의사인 레이먼드 무디가 만들었다. 비록 의학적으로는 아직 확실하게 규명되지 않은 개념이나, 이 체험에는 '평화의 감정', '유체이탈', '터널의 어둠으로 들어가는 기분', '빛', 그리고 '빛 쪽을 향해 들어가는 단계'와 같은 공통된 특징이 보고되고 있다. 미국성인 약 800만 명이 이런 체험을 하였다는 보고도 있다.

나의 환각 증상으로 과학적인 근거가 미약하다는 의견이다. 주로 과학적 사례들이 그 반대 증거로 채택된다. 이 두 가지 입장 가운데에서 굳이 플라톤의 입장을 고르라고 한다면, 그것은 후자보다는 전자일 것이다. 하지만 그렇다고 하여, 플라톤이 하나의 특정한 종교적 교리를 수립하기 위해서 그것을 주장하고 있다고 생각하면 안 된다. 왜냐하면 그의 관심은 시종일관 올바르게 산 사람들이 살아서나 죽어서나 충분한 보상을 받는다는 것을 말하는 데 있기 때문이다. 즉 그의 관심은 철저하게 윤리적이었던 것이다.

2) 올바르게 산 사람은 그렇지 않은 사람보다 더 큰 보상을 받을 수 있는가?

이렇게 볼 때, 영혼 윤회에 대한 플라톤의 이야기도 윤리적 관점에서 해석되어야 할 것이다. 『파이드로스』라는 대화편에서 소크라테스는 우주의 법칙에 근거해 인간 영혼을 9가지 등급으로 나누고 있는데, 이것 역시 올바르게 산 사람들은 윤회의 사슬 속에서 큰 보상을 받지만, 올바르지 않게 산 사람들은 오히려 큰 벌을 받는다는 것을 암시하는 윤리적 메시지로 이해되어야 한다. 그에 따르면, 1등급 영혼은 철학자와 참된 예술가의 영혼이고, 2등급 영혼은 전쟁이나 통치에 능하며 법을 잘 지키는 왕들의 영혼이며, 3등급 영혼은 훌륭한 정치가나 재정가의 영혼이고, 4등급 영혼은 훌륭한 체육교사나 의사의 영혼입니다. 5등급 영혼은 예언자 또는 승려의 영혼이고, 6등급 영혼은 모방에 익숙한 시인들의 영혼이며, 7등급 영혼은 기술자나 농민의 영혼이고, 8등급 영혼은 소피스트나 위정자의 영혼이다. 마지막으로 최하위의 9등급 영혼은 폭군이나 독재자의 영혼이다.

그런데 여기에서 흥미로운 것은 8등급과 9등급의 영혼이다. 플라톤의 생각에 참된 예술가의 영혼은 철학자의 영혼과 함께 제일 좋은 등급을 받고 있지만, 거짓된 철학자인 소피스트의 영혼은 최하위 등급인 폭군의 영혼 바로 위에 위치하고 있다. 이는 플라톤이 당대의 거짓 철학자였던 소피스트들을 얼마나 위험한 인물로 설정하고 있었는가를 보여주는 하나의 단적인 사례라고도 볼 수 있다. 하지만 그 무엇보다 플라톤이 가장 나쁘게 생각하였던 것은 바로 거짓된 통치자인 폭군이나 독재자의 영혼이다. 그들의 위험성은 소피스트들의 위험성을 넘어선다. 왜냐하면 폭군이나 참주는 인간 사회를 가장 살기 나쁘게 만들어버리기 때문이다. 플라톤 말로 하자면, 도시공동체를 파괴시켜버리기 때문이다.

이처럼 플라톤은 "사람은 어떻게 살아야 하는가?" 그리고 "올바르게 산 사람은 올바르지 않게 산 사람보다 더 큰 보상을 받을 수 있을까?"라는 논제를 놓고 『국가』 전체의 이야기를 이끌어왔다. 그리고 그것에 대한 구체적이면서도 긍정적인 답변을 제시하였다. 다음은 플라톤 『국가』의 대미를 장식하는 소크라테스의 말이다.

"글라우콘! 그리하여 이 이야기가 소실되지 않고 보전되었으니, 우리가 이를 믿는다면, 그것이 또한 구원해 줄 것이며, '망각의 강' 또한 잘 건너서 자신의 혼도 더럽히지 않을 걸세. 한데, 만약에 우리가 혼이 불사의 것이며 모든 나쁜 것과 좋은 것을 견디어 낼 수 있다고 믿고서 내 주장에 설득된다면, 우리는 언제나 그 윗길을 가며 모든 방법으로 분별을 갖고 올바름을 수행할 것이니, 이는 우리가 우리 자신과도 그리고 신들과도 친구이기 위해서일세. 바로 이 이승에 머무는 동안이나, 또는 경기의 우승자들이 성금을 거두어들이듯 올바름의 상을 받게 될 때에나 말일세. 그리하여 이승에서도 그리고 앞서 우리가 말한 그 천 년 동안의 여정에서도 우리는 잘 지내게 될 걸세."(621, 박종현 역)

■ 글쓰기와 토론을 위한 읽기 자료

다음은 '영혼의 본성'과 연관된 2편의 글이다. (가)는 에피쿠로스의 『헤로도토스에게 보내는 편지』에 나오는 글의 일부이다. 여기에는 영혼은 원자로 구성되어 있으며 죽음은 그러한 원자들의 해체라는 전제가 들어 있다. (나)는 플라톤의 『고르기아스』 후반부에 나오는 종말론적 신화 이야기에 대한 분석문[38]의 일부이다. 여기에는 인간 영혼은 사후에 최후의 심판을 받는다는 플라톤의 강력한 주장이 담겨 있다. 전자는 원자론 관점에서 죽음을 탈도덕적으로 조명한 것이고, 후자는 로고스적 신화론 관점에서 죽음을 도덕적으로 바라본 글이다. 에피쿠로스와 플라톤의 관점 중

---

[38] 이에 대한 원문은 본인의 논문 『제우스의 심판』을 참고하라. 가독성을 위해 문장을 다듬어 게재한다.

하나를 골라 영혼에 관한 자신의 입장을 논하라. 단, 다른 입장에
대한 비판적 논의도 개진하라.

(가)

영혼의 어떤 부분이 ─ 그것을 둘러싸고 있는 것이 모두 혹은
일부 제거되어서 ─ 사라지더라도, 영혼이 계속 존재하기만 한
다면 여전히 감각을 유지할 것이다. 반면 영혼의 본성을 산출
하는 원자들 ─ 비록 적은 수라도 ─ 이 전부 없어진다면, 몸 전
체 또는 일부가 계속 남아 있더라도 감각을 가지지 못할 것이
다. 더구나 만약 몸 전체가 분해된다면, 영혼도 여기저기로 흩
어져서 더 이상 이전과 같은 능력을 갖추지 못하고 운동을 할
수도 없게 되어서, 감각을 잃게 된다. 왜냐하면 영혼이 유기체
안에 있으면서 적절한 운동을 하지 않는다면, 감각을 가진다고
보기 어렵기 때문이다. 또한 영혼을 둘러싸서 보호하는 것(몸)
이 현재의 모습 ─ 그 안에서 영혼이 존재하고 운동하는 ─ 과 더
이상 같지 않을 경우에도, 영혼은 감각할 수 없다. 한편 우리
는 용어의 일상적 사용을 고려할 때, 비물질적인 것이 '독립적
인 존재라고 생각될 수 있는 것'이라는 사실을 깨달아야 한다.
그러나 허공을 제외한다면, 우리는 비물질적인 것을 생각할 수
없다. 허공은 영향을 주지도 받지도 않으며, 다만 물체가 자신
을 통과해서 움직이도록 허락할 뿐이다. 그러므로 영혼이 비물
질적이라고 말하는 사람은 헛소리를 하는 것이다. 왜냐하면 영
혼이 비물질적이라면 어떤 것에 영향을 주지도 않고 어떤 것
으로부터 영향을 받지도 않을 것이기 때문이다. (에피쿠로스의
『헤로도토스에게 보내는 편지』 중에서, 오유석 역)

(나)

제우스는 폭군이자 유아살해의 원조인 부친 크로노스를 자신의 형제인 포세이돈, 플루톤[39] 등과 힘을 합쳐 물리치고, 그를 지하 감옥 타르타로스에 유폐시킨다. 그 이후, 제우스는 세계의 통치권을 그의 부친으로부터 접수하여 자신의 형제들과 나누어 가졌다. 그 자신은 하늘, 포세이돈은 바다, 그리고 플루톤은 지하세계를 각각 맡아 다스렸다. 이것이 폭군 크로노스의 통치 시기와 구별되는 제우스의 통치 시기이다.

그런데 모든 것이 다 바뀌었음에도 불구하고, 크로노스와 제우스의 통치시기를 관통하는 하나의 공통된 현상이 있다. 그것은 인간과 연관된 법이다. 사실, 제우스의 혁명적 사건에도 불구하고, 인간들에 대한 법은 크로노스 시기에 만들어진 것이 개정되는 사태 없이, 그대로 신들 사이에서 통용되고 있었다. 이 법에 의하면, 정의롭고 경건한 삶을 산 사람들은 모두 죽은 후에도, 축복의 섬으로 간다. 그리고 그들은 그곳에서 온갖 재앙으로부터 벗어나 행복한 삶을 누린다. 하지만 의롭지 못하고 불경한 삶을 산 사람은 모두 지위고하를 막론하고 죽은 뒤에 타르타로스라 불리는 징벌과 처벌의 감옥으로 가게 된다. 그곳에서 그들은 벌을 받으면서 불행한 삶을 살게 된다.

그런데 크로노스의 집권기는 물론이고 제우스의 집권 초반부

---

39) 플루톤은 하데스의 별명이다. 그는 사람들의 망령들이 거처하는 저승세계의 지배자이다. 어원적으로 볼 때, 하데스의 옛날 이름인 하이데스 또는 아이데스에는 "눈에 보이지 않는 것"을 뜻하는 의미가 존재하고, 그것은 "지하의 것"이라는 의미와 동일시되었다. 엄밀한 의미에서 볼 때, 하데스라는 이름은 저승의 신 자체만을 의미한다. 그런데 여기에 저승세계란 공간적 개념이 도입되는 배경은, "하데스의 집"을 의미하는 속격 "하이두"가 하데스로 완곡하게 표현되었기 때문이다. 그런데 하데스라는 이름은 사람들에게 불길한 징조로 인식되어, 그를 플루톤이라는 별명으로 부르는 일이 많았다. 이때, 플루톤이란 이름의 의미는 "부유한 것"을 뜻한다. 왜냐하면, 사람들은 하데스가 곡식의 여신인 데메테르나 그녀의 딸이자 하데스의 부인인 페르세포네와 마찬가지로, 곡식을 여물게 하여 많은 부를 가져다주는 신이라고 믿었기 때문이다.

에도, 인간의 영혼을 심판하는 데에는 개선되지 않은 심각한 문제점들이 도사리고 있었다. 그 첫째는 죄를 지은 사람들에 대한 심판은 그 죄인이 살아 있을 때, 살아 있는 심판관에 의해서 이루어진다는 것이고, 둘째는 죄인들에 대한 심판의 시기가 그 죄인들이 숨을 거두는 바로 그날에 이루어진다는 것이다. 그 결과 재판은 온갖 부정으로 얼룩지게 되고, 진정으로 벌을 받는 사람은 아무도 없게 되었다. 왜냐하면 죄를 지은 사람들은 모든 편법을 다 동원하여 자신들의 죄를 은폐하고, 재판관들을 기만하기 때문이다. 그래서 이것을 보다 못한 플루톤과 감독관들이 제우스를 찾아가, 도저히 축복의 섬에 들어올 자격이 없는 사람들이 마구잡이로 들어오고 있다고 하소연을 하고 있는 것이다.

그리하여, 제우스는 이러한 문제점을 개선하기 위하여 다음 2가지 조치를 취한다.

첫째로, 그는 심판을 받는 사람들이 미리 자신의 임종을 전혀 알지 못하게끔 조치를 취하였다. "우리는 사람들이 자신들의 죽음을 미리 알지 못하도록 해야만 한다."(523ㅇ) 왜냐하면 크로노스 시대 사람들은 모두 자신들의 망종을 미리 알고 그것에 대비해 왔기 때문이다. 하지만 프로메테우스는 '미리 생각하는 자'라는 그의 이름이 뜻하듯이 제우스가 명령을 내리기도 전에 이미 그러한 조치를 취해 놓았다. 그리하여, 심판관들은 제우스와 프로메테우스 덕택에 공정한 재판을 진행할 수 있게 되었다. 그런데 플라톤과 달리 아이스킬로스는 그의 결박된 프로메테우스에서 제우스와 프로메테우스의 관계를 아주 부정적으로 묘사하고 있다. 그에 의하면, 프로메테우스는 제우스의 뜻에 거슬러 인간들에게 맹목적인 '희망'과 많은 '기술'을 몰래 전수해 주었다. 이것을 안 제우스는 '크라토스'와 '비아'[40]

---

40) 크라토스는 '힘'을 뜻하고 비아는 '폭력'을 뜻한다. 그들은 제우스의 심복부하들인데, 주로 함께 있다. 그들의 아버지는 티탄 신족인 팔라스이고 어머니는 물의 여신인 스틱스이다. 그런데 제우스와 티탄 신족들과의 전쟁 때, 그들의

를 시켜 그를 카우카서스 산에 결박하게 하였다. 프로메테우스
는 제우스를 하늘의 폭군이라 욕하고 있다. 그런데 아이스킬로
스의 이러한 언급은 플라톤의 증언과 다른 양상을 띠고 있다.
하지만 그 차이가 곧바로 제우스에 대한 소크라테스의 언급을
무의미하게 만드는 것은 아니다. 왜냐하면 플라톤은 여기에서
아이스킬로스를 포함한 그 이전의 작가들이 그리고 있는 제우
스와 프로메테우스를 자신의 문제의식에 입각해 새롭게 구성
하고 있기 때문이다. 플라톤은 그 자신이 당대의 그 어느 비극
작가나 희극작가보다 더 뛰어난 작가라는 것을 확신하고 있다.
잘 알려졌듯이, 그의 작품 곳곳에는 작가로서의 그의 천부적인
능력이 잘 드러나 있다. 그러기에 그가 종래의 작가들이 언급
하는 담론구조에 안주하지 않고 그것을 새롭게 해석하였을 것
이라는 생각은 단순한 가설이 아니라 사실이다. 그러므로 심판
제도를 개선하는 데 프로메테우스가 제우스와 더불어 일정한
역할을 수행하고 있다는 소크라테스의 언급은 여전히 유효하다.
두 번째로, 그는 심판을 받는 사람들이 자신들의 세속적 '몸'
과 '돈' 그리고 '힘'을 배제한 채 오직 '혼'에 의해서 심판을
받을 수 있도록 조치를 취하였다. 즉, 사람들은 살아 있을 때
소유하고 있던 모든 물질적인 장식품들을 다 제거하고서 법정
에 나아가야 한다. 그다음에 그들은 이 모든 것들을 다 벌거벗
고 심판을 받아야만 한다. 그 사람이 죽는 날이 바로 그 사람
이 심판 받는 날이다. 그런데, 심판관도 이와 동일한 조건을
갖추어야 한다. 그 역시 죽어서 물질적 제약으로부터 자유로운
자이다. 그리고 그는 사람이 죽으면 즉각적으로 오직 자신의
영혼에 근거해서 망자 각자의 영혼만을 살펴보아야 한다. 그러
기에, 그는 공정한 판결을 하는 데 장애가 되는 모든 것들을
제거해야 하는데, 자신이 소유하고 있던 물질적 장식품들은 모

어머니인 스틱스는 제우스 편을 들어 그를 도왔다. 이것이 계기가 되어 제우
스는 스틱스의 두 아들을 자신의 부하로 삼았다.

두 버리고 자신과 가까운 일가친척들과도 절연해야 한다. 그래 야만 그는 어떠한 상황에서도 객관적인 판결을 내릴 수 있게 되는 것이다. 이렇게 하여 최후의 심판은 공정하고 정의롭게 이루어지게 되었다.

제우스는 자신의 세 아들을 심판관으로 임명하였다. 아시아 출신의 '미노스'와 '라다만튀스', 그리고 에우로페 출신의 '아이아코스'가 바로 그들이다. 그들은 '축복의 섬'으로 가는 길과 지옥인 '타르타로스'로 가는 길이 나뉘는 삼거리 초원에서 인간들을 심판하였다. 라다만튀스는 아시아 출신의 망자들을 심판하였고, 아이아코스는 에우로페 출신의 망인들을 각각 맡아서 심판하였다. 그런데 이 두 심판관이 판결을 내리기 곤란할 경우에는 미노스가 '최후의 심판권'을 행사하였다. 이와 같이, 제우스는 인간에 대한 심판이 가장 정의롭게 이루어지도록 완벽한 조치를 취하였다. 이상이 최후의 심판에 관한 제우스의 두 가지 개혁안이다.

참고문헌

김상봉. 1999. 『호모 에티쿠스 - 윤리적 인간의 탄생』. 서울: 한길사.

김영균. 2008. 『국가』. 서울: 풀빛.

김용규. 2007. 『설득의 논리학』. 서울: 웅진지식하우스

김회빈 외. 2011. 『비판적 사고와 논리』. 전주: 신아출판사.

라에르티오스, 디오게네스. 2008. 『그리스 철학자 열전』. 서울: 동서문화사.

라우스, 앤드류. 2001. 『서양 신비사상의 기원』. 배성옥 역. 왜관: 분도출판사.

박규철. 2002. "최후의 심판과 제우스의 정의에 관한 소크라테스의 뮈토스". 『중세철학』 제8호. 237~285.

_____. 2006. 『플라톤의 국가』. 서울: 삼성출판사.

_____. 2009. 『소크라테스와 소피스트』. 서울: 동과서.

_____. 2009. 『커뮤니케이션의 시원: 가치 공유 장치로서의 고대 그리스의 에피코이노니아 연구』. 서울: 효일문화사.

_____ 외. 2010. 『고대 그리스 철학의 감정 이해』. 서울: 동과서.

_____. 2011. "플라톤 대화편에 나타난 문답법의 윤리적 의미와 '감정'의 문제". 『동서철학연구』 55호, 한국동서철학회. 5~31.

_____. 2011. "플라톤의 '명예'의 윤리학". 『인문학 연구』 82호, 충남대학교 인문학 연구소. 215~247.

_____. 2011. 『그리스 로마 哲學 이야기』. 서울: 동과서.

서정혁. 2008. 『논술 교육, 읽기가 문제다』. 서울: 커뮤니케이션북스.

아리스토텔레스. 2006. 『니코마코스 윤리학』. 이창우, 김재홍, 강상진 역. 서울: 이제이북스.

_____. 2007. 『형이상학』. 서울: 이제이북스.

에피쿠로스. 1998. 『쾌락』. 오유석 역. 서울: 문학과 지성사.

윤문원. 2007. 『논술이 마냥 즐거워지는 영화 속 논술』. 서울: 세종서적.

서울대학교 기초교육원 편. 2011. 『창조적 지식인을 위한 권장도서 해제집』. 서울: 서울대학교출판문화원.

스위프트, J. 2003. 『걸리버 여행기』. 류경희 역. 서울: 미래사.

플라톤. 1987. 『플라톤 - 메논, 파이돈, 국가』. 박종현 편저. 서울: 서울대학교 출

판부.

_____. 1990. 『국가/시학』. 조우현, 천병희 역. 서울: 삼성출판사.

_____. 1997. 『국가-政體』. 박종현 역주. 서울: 서광사.

_____. 2003. 『에우티프론, 소크라테스의 변론, 크리톤, 파이돈』. 박종현 역. 서울: 서광사.

_____. 2005. 『국가』. 송재범 풀어씀. 서울: 풀빛.

_____. 2008. 『파이드로스』. 조대호 역. 서울: 문예출판사.

_____. 2009. 『메논』. 이상인 역. 서울: 이제이북스.

_____. 2009. 『편지들』. 강철웅, 김주일, 이정호 역. 서울: 이제이북스.

_____. 2011. 『쉼포지온』. 장경춘 역. 서울; 안티쿠스.

_____. 2011. 『고르기아스』. 김인곤 역. 서울: 이제이북스.

커퍼드, J. 2003. 『소피스트 운동』. 김남두 역. 서울: 아카넷.

Cooper, M., ed., 1997. *Plato-Complete works*. Indiana: Hackett Publishing Company.

Kahn, C.H. 1996. *Plato and Socratic dialogue: The philosophical use of a literary form*. New York: Cambridge University Press.

Pappas, N., 1995. *Routledge Philosophy Guide Book to Plato and the Republic*. New York: Routledge.

Waterfield, R., trans. 1993. *Plato: Republic*. Oxford: Oxford University Press.

http://ko.wikipedia.org/wiki/(2011).16. 검색)

박규철

월간 『에너지』 및 『넥스트』 편집장
아세아연합신학대학교 산학협력단장
현) 아세아연합신학대학교 교수
　　연세대학교 인문학연구원 전문연구원
　　한국동서철학회 및 한국체육철학회 이사
　　가톨릭철학회 편집위원

1966년 경남 밀양에서 출생하였으며 밀양고와 연세대학교 철학과를 졸업한 후 同 대학원에서 플라톤 『고르기아스』 편 연구로 박사학위를 받았다.

저서로는 『플라톤이 본 소크라테스의 도덕정치철학』(2003), 『플라톤의 국가』(2006), 『그리스·로마 사회의 갈등 해소 모델 연구』(2008, 공저), 『소크라테스와 소피스트』(2009), 『커뮤니케이션의 시원』(2009, 공저), 『고대 그리스 철학의 감정 이해』(2010, 공저), 『그리스 로마 철학 이야기』(2011) 그리고 『비판적 사고와 논리』(2011, 공역)가 있고, 역서로는 『신플라톤주의』(2011, 공역)가 있다. 주요논문으로는 「플라톤 철학 전통에 대한 패러다임적 변형으로서의 플로티노스의 일자 형이상학」(2008), 「플라톤 대화편에 나타난 문답법의 윤리적 의미와 감정의 문제」(2010), 「플라톤의 명예의 윤리학」(2011), 「인문학의 위기 속에서 '비판적 사고와 논리' 교육의 확산 가능성」(2011) 등이 있다.

주된 연구 분야는 소크라테스와 플라톤 철학이며 그 연장선상에서 신플라톤주의 철학을 연구하고 있다. 특히, 서구철학사에 나타난 '플라톤주의'를 주체적인 입장에서 재구성하는 데 관심이 많다. 현재는 스페우시포스에서 프로클로스까지의 플라톤주의 연구에 몰두하고 있다.

글쓰기와 **토론**을 위한

플라톤의
『국가』 읽기

초 판 인 쇄 | 2012년 3월 9일
초 판 발 행 | 2012년 3월 9일

지 은 이 | 박규철
펴 낸 이 | 채종준
펴 낸 곳 | 한국학술정보(주)
주　　소 | 경기도 파주시 문발동 파주출판문화정보산업단지 513-5
전　　화 | 031) 908-3181(대표)
팩　　스 | 031) 908-3189
홈 페 이 지 | http://ebook.kstudy.com
E-mail | 출판사업부 publish@kstudy.com
등　　록 | 제일산-115호(2000. 6. 19)

I S B N 978-89-268-3198-4 03160 (Paper Book)
　　　　 978-89-268-3199-1 08160 (e-Book)

이담 *Books* 는 한국학술정보(주)의 지식실용서 브랜드입니다.